英国における高齢者ケア政策

質の高いケア・サービス確保と費用負担の課題

井上恒男

明石書店

はしがき

　本書は、日本の介護保険制度が重度化路線に転換し、家族介護者に対する支援が後退し始めたと感じた頃から約10年間の歩みを念頭におきながら、ほぼ同時期の英国における高齢者ケア政策の展開を再確認するために行ってきた調査研究の成果を集大成したものである。

　英国の高齢者ケア・サービスにおいては、1990年代を境に、自治体が中心的に供給を担う体制から自治体は条件整備の役割を果たす体制へと転換した。1997年5月に返り咲いた労働党政権は、その延長線上に、さらに利用者中心のケアを掲げ、多様な事業者が提供するサービスの質の確保、向上を目指す政策を果敢に展開していった。これは「第3の道」を標榜した労働党政権の「公共サービスの近代化」路線の一環でもあったが、やがて人口高齢化等に伴うケア費用の増大によりケア・サービス利用者の重度化シフトが進んだため、社会保険料類似の負担を国民に求める方式によって財政問題を打開しようと試みた。しかし、見直しの着手が遅く、政権交代により仕切り直しとなった。このケア費用負担問題は保守・自民連立政権に引き継がれてようやく政治的に決着し、ケアに伴う生涯費用の一定額までは高齢者に自己負担を求め、それを上回る費用は公的に負担するという生涯ケア費用負担上限額（キャップ）方式が2016年4月から導入されることとなった。個人と国家のパートナーシップという考え方に立ち、「自由・公正・責任」という保守・自民連立政権の政治理念にも合致する構想であった。とはいえ、財政再建を当面の最重要課題とする連立政権の下で自治体財政は大幅な歳出削減を迫られ、自治体行政の中でもウェートの大きい高齢者ケア分野では、提供されるケア・サービスの質、そのための人材確保等において様々な問題が顕在化し始めている。そして、2014年ケア法の制定により本決まりになっていたはずのキャップ方式も保守党キャメロン政権が財政懸念等から2015年7月になって唐突に延期決定し、再び不透明な状況となっている。

一方、わが国の高齢者福祉分野でも、老人福祉法に基づく行政による措置方式は 2000 年度から介護保険法に基づく利用者の契約方式へと大きく転換し、市場メカニズムを通じたケア・サービスの向上が期待された。依然として財政対策が未解決な英国に対し、わが国では国民の共同連帯の理念に基づいて高齢者ケアの費用を賄うという社会保険方式が誕生した。ケア費用の財政問題への苦悩が続く英国の歩みを振り返ると、あらためて介護保険制度の存在意義は大きいというべきであろう。しかし、わが国もケア費用の重圧に苦しんでいる点において変わりはなく、予防重視という掛け声で始まった 2006 年度の介護保険制度の改正、2015 年度からの要支援高齢者に対する介護予防事業等の市町村事業への段階的移管など、軽度の要支援状態の高齢者を介護保険給付の枠外に押し出す傾向が強まっている。

　日英両国を比較すると、増大するケア費用問題の打開策を見出すべくもがいている英国、革新的な財政方式を持ちながらその持続可能性に直面している日本、という構図になるであろうか。ベクトルの方向は違うように見えるが、質の高いケア・サービスの確保とその費用負担をめぐる悩みという点では共通している。もちろん、眼の覚めるような新機軸があるわけではなく、各々の社会の構成員が叡智をしぼって納得する方策を見出していくしかないのであるが、筆者自身は、わが国の近年の介護保険制度の見直しにおいて、財政論を優先した政策論が先行していることに違和感を持っている。介護保険制度運営のための資源を国民皆で賢く使う必要があること（無駄使いしないこと）、公平の観点から能力のある者は応分の負担をすることには賛同するが、必要なケアに関してはその費用が増えても国民が共同連帯して負担する、というのが介護保険制度の出発点ではないかと考えるからである。もっとも、ケア費用は公費ばかりに期待するのではなく、個人もそのポケットから賄うべしという考え方についても検討を深めていく必要がある。この点に関しては、英国での民間ケア保険商品開発の今後の展開にも注目していきたい。

　ところで、要支援の高齢者に対する介護保険制度の後退に筆者が懸念を

持っているのは、わが国では介護者への支援策をめぐる政策論が後回しになっていると感じているからでもある。わが国では高齢者本人に対する介護給付を中心に制度が設計されているが、その結果として介護者の負担は相当程度軽減され、介護者に相応の支援策が講じられているように見える。しかし、近年の高齢者に対する介護給付の後退局面で、介護者への支援策に高齢者と同程度の配慮がされているだろうか。そのことを特に感じさせられるのは、英国において、高齢者本人によるケア・サービス利用の重度化シフトが進んでいる一方で、介護者に高齢者本人に対すると同様の配慮を払い、介護者への支援を拡充しているという動きである。

前置きが長くなったが、本書の構成は以下のとおりである。

第Ⅰ部は、英国の高齢者ケアになじみの薄い読者も念頭に置いた導入部分であるが、財政制約のためケア費用の負担、在宅ケア、施設ケア等の随所で問題が顕在化していることにも着目し、第Ⅱ部への橋渡しとしている。第Ⅱ部は、労働党ブレア政権以降の英国政府がサービスの質向上のために講じた政策と取組みを具体的に紹介したうえで、ケアを担う人材の確保難とその対策、インフォーマルなケアの担い手である介護者固有のニーズに着目した介護者支援策をとりあげている。第Ⅲ部は、長年の懸案であったケア費用負担問題の論点とその立法的解決である2014年ケア法の動向を紹介するとともに、キャップ方式が急遽延期された背景、現保守党政権が意欲を示している民間ケア保険の検討状況等を紹介してまとめとしている。

本書でとりあげたのはこの約20年間の英国における高齢者ケア政策の動向であるが、その時々に抱えていた懸案は現在も直面し、また、わが国も含め主要国に相い通じる課題でもある。類書が近年あまりない中で、英国の高齢者ケア政策を直近の動向まで視野に入れて体系的にまとめるべく試みたのが本書であり、比較政策論の観点から多少なりとも貢献できれば幸いである。

2016年8月

井 上 恒 男

目　次

はしがき　3

第Ⅰ部　英国における高齢者ケア

第1章　英国の高齢者 …………………………………………… 15

1　高齢者の概況　15
2　高齢期の暮らし　16
3　ケアを必要とする高齢者　17

第2章　高齢者ケアに関する行政と財政 ……………………… 19

1　高齢者ケア・サービスの基本的枠組み　19
　(1) 国と自治体　19
　(2) 自治体によるケア・支援の実施　22
2　高齢者ケア政策の主な展開　23
　(1) 労働党政権時代：利用者中心の質の高いサービス　23
　(2) 連立政権時代：自助・地域重視、公共支出削減の影　25
3　高齢者ケアのための自治体予算　27
　(1) 自治体の財政構造　27
　(2) 高齢者ケア予算の抑制　28
　(3) 緊縮財政の影響　30
4　保健医療サービスとの連携　32
　(1) 労働党政権時代の連携促進　32
　(2) 連立政権時代の連携促進　34

第3章　高齢者ケア・支援サービスの利用 ... 39

1　ケア・支援サービスの利用　40
- (1) 自治体によるニーズの認定とケア・支援の実施　40
- (2) 利用者による選択　43

2　利用者に対する支援　46
- (1) ケアプラン作成支援者の多様化　46
- (2) 判断困難者に対する支援　48

3　ケア・支援サービスの費用負担　51
- (1) 負担能力に応じた自己負担　51
- (2) 施設入所費用支払い繰延べ制度　53

第4章　在宅でのケア ... 55

1　施設ケアから在宅ケアへ　56
- (1) コミュニティ・ケアの歩み　56
- (2) コミュニティ・ケアの推進　57

2　在宅ケアの現状　59
- (1) 在宅ケア・サービスの概況　59
- (2) 在宅ケア・サービスの利用　60

3　在宅での生活自立への支援　64
- (1) 介護予防事業　64
- (2) 中間ケア　69

4　住まいへの対策　70

第5章　施設でのケア ... 73

1　施設ケアの概況　73
- (1) ケアホームの体系　73
- (2) ケアホームの概況　75

2　ケアホーム入所者の状況　76

3　入所者に対する保健医療ケア　　77
　4　ケアホームの経営・運営不安への対処　　79
　5　よりよい施設ケアのための取組み　　82

第Ⅱ部　高齢者ケアの向上を目指す政策

第6章　ケア・サービスの質の向上 ……………………………… 87

　1　ケアの質の向上対策の歩み　　87
　　(1)　労働党政権の取組み　　87
　　(2)　連立政権による取組み　　90
　2　質の向上に向けての取組み　　93
　　(1)　ケア・サービス事業者による質の確保　　93
　　(2)　ケアの質委員会による監査等　　95
　　(3)　第三者組織による質の評価　　97
　　(4)　ケア従事者の質の確保　　98
　3　ケア・サービスの質の状況　　100

第7章　ケア従事者の確保 ……………………………………… 103

　1　ケア従事者の概況　　104
　　(1)　プロフィール　　104
　　(2)　就業状況等　　105
　2　ケア従事者の人材確保のための対策　　107
　　(1)　労働党政権による取組み　　107
　　(2)　連立政権による取組み　　109
　3　人材確保における課題　　110
　　(1)　厳しさを増す人材確保・定着　　110
　　(2)　外国人・移民ケア労働者　　112

(3) ケア従事者の労働条件の改善　　114
　　(4) ケア従事者の新しい役割　　117

第8章　介護者への支援 119

　1　介護者の現状　120
　　(1) 介護者のプロフィール　120
　　(2) ケアの状況　121
　2　介護者支援対策の枠組み　123
　　(1) 介護者支援対策の歩み　123
　　(2) 2014年ケア法に基づく介護者支援　126
　3　介護者支援対策の実際　128
　　(1) 介護者が受ける支援サービス　128
　　(2) 民間団体による介護者支援事業等　130

第Ⅲ部　高齢者ケア改革の動向

第9章　ケア費用負担問題と2014年ケア法 135

　1　ケア費用負担問題への取組み　136
　　(1) ケア費用負担問題の背景　136
　　(2) 労働党政権による検討　138
　　(3) 連立政権による見直し　139
　2　法律委員会による検討　141
　3　2014年ケア法の概要　143
　4　2014年ケア法の実施　146
　　(1) 新たなケア・支援ニーズ認定の実施等　146
　　(2) キャップ方式の延期　148

第10章　民間保険商品への期待と検討 153

1　民間保険商品への期待　153
2　民間ケア保険商品　155
3　エクイティ・リリース　159

- コラムA　保守党サッチャー政権下のコミュニティ・ケア改革　20
- コラムB　認知症対策の動向　50
- コラムC　Torbay 地域における介護者支援事業　129

あとがき　161

注　163

参考文献・資料　172

索引　187

第Ⅰ部　英国における高齢者ケア

第1章 英国の高齢者

1 高齢者の概況

英国(連合王国)[1]の総人口は、2011年の人口センサス(2011 Census)によれば6,320万人で、移民を中心に比較的若い人口も多いとはいえ、人口の高齢化が進んでいる。65歳以上の人口が全人口に占める比率は、1985年の

図表1-1 高齢者人口の動向(連合王国)

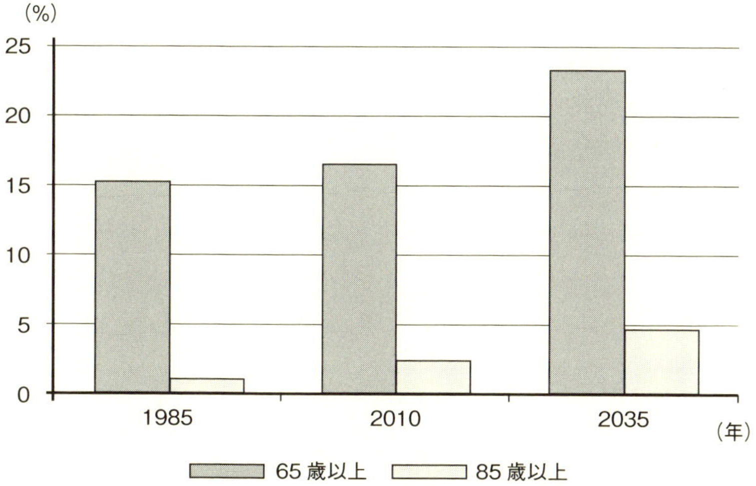

(出所)ONS, 2012b, p.3.

15%から2010年の17%に増加し、さらに長期的には2035年には23%に達すると推計されている（図表1-1参照）。日本の65歳以上人口比率が2012年9月に24.1%（総務省統計局推計）であるのに比べると高齢化率は低いものの、平均寿命は徐々に伸び、男性79.1歳、女性82.8歳である（連合王国）。[2]

日本と同様に、これからは高齢者のさらなる高齢化が進むため、図表1-1のように85歳以上の人口割合は1%、2%、5%と急速に増加し、絶対数では70万人、140万人から350万人へと5倍になると推計されている。

2　高齢期の暮らし

Happy Retirementを期待しながら働いている多くの英国人も、仕事から引退する年齢は男性は63.8歳（2004年）から64.6歳（2010年）、同じく女性61.2歳から62.3歳へと近年徐々に上昇している。[3]とはいえ、退職しても直

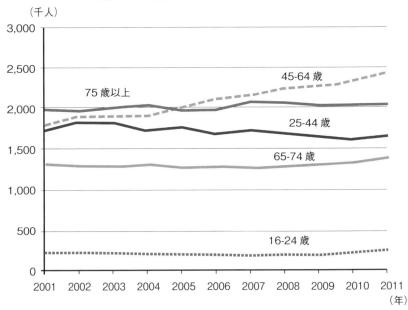

図表1-2　年齢別の一人暮らしの者の数（連合王国）

（出所）ONS, 2012a, Figure 2.

ちに社会的な活動から離れるわけではなく、British Household Panel Survey (BHPS) のデータを分析したスミス（Smith S., 2010）によれば、退職者の4割強は少なくとも一つ以上の社会的な組織の活動にアクティブに関わっている。

一方、英国では、夫婦中心の生活が基本であるので、もともと子供との同居はそう多くない。そこで、図表 1-2 のように、高齢で一人暮らしの者が絶対数で近年増えているわけではないが、やはり、65 歳以上、さらに高年齢になるほど一人暮らしの割合は高い（図表 1-3）。

3 ケアを必要とする高齢者

高齢になってもできるだけ自立した生活を送り、暮らし慣れた所で住み続けることを誰もが願うが、それが次第に困難になった際に頼りになるのは、まずは家族、隣人等によるインフォーマルな支援であろう。それでは、実際に自分の力だけで普段の生活を維持するのが次第に困難になった場合に、子供世代との同居が少ない英国の高齢者は誰に期待するのであろうか。介護者

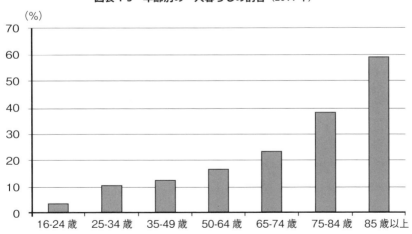

図表 1-3　年齢別の一人暮らしの割合（2011 年）

（出所）ONS, Living Alone in England and Wales, Figure 2.（http://www.ons.gov.uk/ons/rel/census/2011-census-analysis/do-the-demographic-and-socio-economic-characteristics-of-those-living-alone-in-england-and-wales-differ-from-the-general-population-/sty-living-alone-in-the-uk.html, 2015/10/20）

（成人）からの関係で見た図表1-4によれば、介護者がケアしている者の6割強は同じ住まいに同居していない者であるが、同居か否かを問わず大部分が親に対するケアであり、同居していない場合も親をはじめ親族間のケアが行われていることがうかがえる。また、隣人に対するケアも、減少傾向にあるものの若干行われている。

とはいえ、人口の高齢化に伴い、ニーズを有しケアを必要とする高齢者が増加していくことは避けられない。例えば、会計検査院は、65歳以上のケアを必要とする高齢者は2005年から2020年にかけて40%以上増加すると推計している（NAO, 2015, para 1.9）。[4] なかでもこれから課題になるのは、認知症を有する高齢者の増加である。英国アルツハイマー協会の最新の報告書によれば、連合王国全体には2015年現在で約85万人（65歳以上の者は77万人強）の認知症患者が存在すると推計され、年齢別の出現率が現状どおりで人口高齢化が進行すると、2025年には100万人超、2051年には200万人超と推計されている（Alzheimer's Society, 2014）。

図表1-4　成人の介護者とケアしている者の関係（2009年）

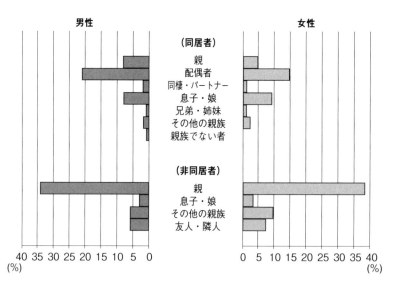

（出所）ONS, 2012a, Figure 5.

第2章　高齢者ケアに関する行政と財政

　高齢者に対するケア・支援を担うのは自治体であるが、かつて自らサービスを提供する傾向の強かった自治体も、現在は高齢者のためのケア・サービス市場の調整者へと役割は転換している。その自治体による高齢者ケア対策は、一次的には地方自治の原則に則って実施されるものの、近年特に中央政府の行財政方針の影響を大きく受けながら展開されている。高齢者ケアの行政において特に顕著なのは、労働党政権以降強調されている、ケア・サービスにおける質の重視、その向上という施策である。その施策はその後も継承されているが、財政再建を最優先する連立政権では自治体の予算が大幅に圧縮され、ケア・サービスの質・量の確保に懸念が出始めている。

　高齢者に対する保健医療は国民保健サービス（National Health Service, NHS）という別の行政サービスが担っているため、連携した取組みが必要であることはいうまでもないが、試行錯誤しながら様々な取組みが行われている。

1　高齢者ケア・サービスの基本的枠組み

(1) 国と自治体

　英国の行政と財政の体系は、同じ連合王国の中でもその構成国によってかなり異なる。イングランドで高齢者のケア・支援に関する行政を担っているのは、自治体では日本の県に相当するカウンティ（county、34県）、ロンドン

や大都市圏では区、さらに基礎自治体（unitary authority、46 市）も担っている（合計 152 の異なる性格の自治体が混在）。[5] 自治体での担当部局は、以前は社会サービス部局（Social Service Department）であったが、2004 年児童法（Children Act 2014）により児童のケアと教育を一体的に担当する別部局が組織されたことに伴い、現在は高齢者ケアと障害者ケアを合わせて成人社会ケア部局（Adult Social Care/Service Department）が担当部局である。ちなみに、予算や統計も成人社会ケアとして一体的にまとめられることが多い。

　中央政府では担当省庁である保健省（Department of Health, DH）が法令、それに基づくガイドライン等の作成、見直しによって政策誘導を行っているが、中央省庁の役割は伝統的に政策企画中心で、自治体における地方自治を尊重し、補助金によるコントロールも少ない。したがって、行政サービスの

コラム A　保守党サッチャー政権下のコミュニティ・ケア改革

改革の背景

　保守党サッチャー政権は、「小さな政府」を目指し、民活路線を推進するとともに公共支出削減の一環として自治体予算の圧縮を図った。当時も高齢者等は自治体の認定を受けて在宅サービス又は施設サービスを利用するという仕組みであり、コミュニティ・ケアは推奨されていたが、公的扶助を利用した施設への入所について必要性の評価はなきに等しく、資産状況等の簡単な審査で賄い・下宿手当（Lodging Allowance）を受給することができた。おりから施設の運営は、それまでの自治体直轄中心から民間事業者への移行が進められていたため、高齢者等が賄い・下宿手当を受給して施設に入所することは、民活推進という政策にかない、中央政府が自治体支出の削減を図る状況下、社会福祉予算の増大を回避したい自治体の意向にも合致することであった。その結果、賄い・下宿手当の支出が急増するとともに、不要な施設入所を促し、国の監査委員会（Audit Commission, 1986）からも厳しい指摘を受けることとなった。

改革の概要

　事態に危機感を抱いた保守党サッチャー政権は、コミュニティ・ケアのより有効な方策の検討をグリフィス（Griffiths R.）に委嘱した。その 1988 年 2 月の

レベルや運営には地域差が大きく、英国の社会ケアの実施状況を一部地域のみを観察して評価すると判断を誤りやすいので注意を要する。

　ただ、公共支出の削減、行政サービスの向上等の行財政改革の観点から、大きな流れとしては中央政府による自治体に対する統制の傾向が次第に強まっている。特に、ブレア（Blair T.）が率いた労働党政権時代には、保健省以外にも中央政府にケアの質委員会（Care Quality Commission）等の独立行政機関を設置し、社会ケアを担う自治体やケア・サービス事業者に対する監査監督体制を強化した（詳細は第 6 章 1 参照）。とはいえ、政府は政策の企画運営において自治体との協議や対話には力を入れている。また、保守・自民連立政権は「大きな政府」ではなく「大きな社会」を目指して地域を重視していることから、財政統制は厳しい半面で中央政府による統制よりも自治体自

　報告書は、ケア・サービスを受ける個々の利用者に焦点を置き、利用者による選択を重視してそのニーズに応え、自己決定を推進することを基本にしたうえで、自治体の役割はケア・サービスを直接供給することではなく、民間事業者を最大限活用しながらサービスを企画、オーガナイズし、購入する立場に立つことにより利用者の選択を拡大し、サービスの革新や効率化を図ることであると位置づけ、自治体によるサービスのケアマネジメント、福祉サービス計画の策定、自治体がその責任を果たすための国からの財源移管等を求めた（Griffiths R., 1988）。

　その提言は今日の社会ケアの課題にも通じる大幅で抜本的なものであった。ただ、行政の役割を条件整備と位置づける考え方は既に 1981 年の白書『人口の高齢化』（DH, 1981）でも類似の考え方が示されていたことから、保守党政権は提言のほとんどを採用し、より明確な形で 1989 年 11 月の白書『人々のケア：今後 10 年、それ以降のコミュニティ・ケア』（DH, 1989）に取り込まれた。それを踏まえて制定された 1990 年 NHS 及びコミュニティ・ケア法では、公的扶助からの給付を廃止して相当する財源を自治体に移管するとともに、地域における社会ケア・サービスの提供（利用調整）責任と財源（財政管理）を施設ケア、在宅ケアを問わず自治体に一元化し、自治体は高齢者等に対するケアマネジメントを一体的な体制で行うこととなった（1991 ～ 93 年に段階実施）。[6]

ら地域の力で取り組むことを促している。

(2) 自治体によるケア・支援の実施

　自治体には、高齢者の申請の有無にかかわらず、ケア・支援の必要性があると見受けられる場合はそのニーズを評価するとともに、ニーズありと認定した場合にはそれを充足する法令上の責務がある。その基本的な骨格は長年維持されているが、第二次世界大戦後の社会福祉諸法の基本法である 1948 年国民扶助法（National Assistance Act 1948）によってスタートした社会ケアにおける自治体の運営はこの間かなり変容した。すなわち、かつてはケア・支援を要する高齢者等に対するサービスの提供は自治体が自ら供給主体となって提供するという考え方が強かったのに対して、現在は地域の多様なサービスの中から高齢者が必要なケア・サービスを選択できるよう条件整備をしていくことが自治体の役割となっている。いわゆる、サービスの供給主体（provider）から条件整備主体（enabling authority）への自治体の役割の転換である。また、かつては、高齢者等による施設利用の費用が、中央政府の公的扶助給付によって賄うこともでき、行政体系が分断化されていた時期もあったが、今日ではカウンティ等が在宅ケア・サービス、施設ケア・サービスの両方の業務を一元的に担っている。

　ちなみに、このような自治体による一元的体制に大きく転換した背景には、保守党サッチャー政権が進めた財政緊縮と民活がかえって施設入所を促したという苦い経験がある。その反省から当時の保守党政権はグリフィス報告を受けて 1990 年 NHS 及びコミュニティ・ケア法（National Health Service and Community Care Act 1990）を制定し、施設入所費用に充てられていた公的扶助給付を廃止して財源を自治体に移管するとともに、地域における社会ケア・サービスの提供（利用調整）と財源（財政管理）を自治体に一元化して、自治体が一体的にケアマネジメントを行うという体制を構築した（コラム A 参照）。

　一連の改革は、自治体による一体的な行財政責任の下に、利用者の視点に立ったコミュニティ・ケアを推進するという新しい枠組みを導入（サービス提供体制の再構築）したという意味で、しばしばコミュニティ・ケア改革と

呼ばれている。と同時に、サービス供給・財政の責任一体化という中央政府による自治体行財政の統制という側面もあり、民間活力の活用と供給主体の多元化を進めた保守党サッチャー政権は、高齢者等に対するケアマネジメントという局面にとどまらず、自治体に社会ケア・サービスの質とコストを総合的に考慮して最善のサービスを選択し、購入することを求めていった。自治体を条件整備主体として位置づけるというスタンスはその後の労働党政権にも継承され、ケア・サービスを外部から調達し責務を果たしていく際の自治体のコミッショニングという機能にもつらなる考え方といえよう。

2 高齢者ケア政策の主な展開

(1) 労働党政権時代：利用者中心の質の高いサービス

　高齢者ケアをはじめとする社会ケアの業務は自治体が担い、しかも英国は伝統的に地方自治を尊重する国である。とはいえ、自治体の社会ケア業務の運営は中央政府の政権与党の政策方針に大きな影響を受け、特に1997年5月に復帰した労働党政権時代以降その傾向が強まった。確かにその労働党政権は、総選挙のマニフェストでは長期ケア憲章やケア・サービスに対する独立の監査体制の導入、長期ケアの費用負担問題に関する王立委員会の設置等を打ち出したにとどまり、初期の社会ケアに対する政策方針は、未知数であったと評されている（Means R. et al., 2008）。しかし、その後の政策方針で社会ケア・サービスの質重視が際立って強調されるようになり、中央政府には独立の監査監督機関が設置され、事業者や自治体は監査監督、パフォーマンス評価の下に置かれることになった。

　その背景にある労働党政権の考え方を、社会ケア分野の政策の出発点ともいうべき1998年11月の白書『社会サービスの近代化』（DH, 1998a）で確認すると、「社会ケアに対する我々の第3の道は、焦点を、誰がケアを提供するかということから、個人や介護者・家族が経験し達成されたサービスの質と達成された成果に適切に位置づけることに移し変える」ことだと述べている（Ibid., para 1.7）。その前提として利用者の自立の推進をまず中心に据え、

自立推進のために利用者が望む必要なサービスを選択して利用できるよう、質の高いサービスの提供を目指すという考え方である。

　このような質の重視の背景には、労働党政権が政府全体で進めようとしていた「公共サービスの近代化」路線がある。民活路線を推し進めて「小さな政府」を目指した保守党政権に対し、労働党政権は、重要なことは行政部門の大小というよりも行政サービスの刷新であり、「公共サービスの近代化」であると訴えたわけである。「公共サービスの近代化」は頻繁に改革スローガンとして使用されたため多義的であるという批判をまぬかれないが、最も顕著な特徴は、国民に対して公共サービスの質の向上を重視したことである。そのことは、「英国のための近代的な公共サービス」と題する公共支出白書が「公共サービスが提供されるべき方法について、政府はドグマ的な考え方はとらない。政府の役割は、納税者に質の高いサービスを提供することであり、これは公共、営利、ボランティア各セクター、あるいはそのパートナーシップによって実施可能である。供給のメカニズムとしてどれを選択するかは、どれが最もよい結果を出すかによって決められる」(HMT, 1998b, para.4.2)と、その考え方を明確に述べ、白書『社会サービスの近代化』とスタンスはまったく同じである。なお、緊縮財政方針を堅持した労働党政権も当初2年間を過ぎると、優先政策分野には予算を重点的につけ始めるが、その際も、「金はつけるがバリュー・フォー・マネー(value for money)を」、つまり、投入予算に見合う行政サービスの質の向上を明確に求めている。

　さらに、質の向上を目指した「公共サービスの近代化」のために労働党政権が特に力を入れたのは、行政部門・サービス間の連携(パートナーシップ)である。「公共サービスの近代化」路線に関する政府の基本白書『行政の近代化』(Cabinet Office, 1999)でも、政策が連携(joined up)され戦略的であること、公共サービスにおいては提供者ではなく利用者が焦点であること、質の高い効率的な公共サービスを提供していくことを強調している。

　白書『社会サービスの近代化』でも、より効果的なサービスのために協働する連携の改善が重要目標として掲げられている。もっとも、連携への取組みは積年の課題で長い歴史があり、この時代の労働党政権から始まったわけ

ではない。ただ、保守党政権が自治体を中心とする擬似市場において公共サービスの供給者や購入者の間に競争を促したのに対し、労働党政権は擬似市場を前提としつつ、競争がもたらす不効率への対処を各ステークホルダー間の連携に期待したともいえよう（保健医療サービスとの連携については、第3節参照）。

いずれにせよ労働党政権がこのように質の向上や連携を重視した背景には、大前提として、利用者中心主義という考え方がある。当初はニーズの認定、ケアプラン策定等の実務運営において利用者の意向を考慮し、選択を尊重するという手法が中心で行政の業務の変容を迫るほどではなかった。しかし、2005年3月にいわゆる社会ケア緑書『自立・福祉・選択』（DH, 2005）が発表され、政権中盤以降になると利用者本人が自ら生活をコントロールし、選択していくという考え方が次第に強調され、自治体によるケアマネジメントに代わり、ケア・サービスの利用者自身がサービスの内容を選択・決定していくという方式へと軸足が移行し、自治体行政はそれを支援する役割へと転換を求められていった。

なお、労働党政権は、重点的な戦略が必要な保健医療福祉分野の一つとして高齢者をとりあげ、2001年3月には全国高齢者サービスフレームワークと題する10カ年戦略を策定した。同戦略はどちらかというとやや保健医療分野が中心の政策文書であるが、全体を通じた重要方針として個人の尊重（年齢差別の廃絶、利用者中心のケア）、中間ケア、エビデンスに基づく専門的ケア（総合病院におけるケア、脳卒中、転倒、精神疾患）、活動的で健康的な生活という4本のテーマ（8項目の基準）を掲げるとともに、それを質の水準の確保、保健医療、福祉等の関連分野や民間団体等のパートナーとの連携等により進めていくとしている（DH, 2001）。

(2) 連立政権時代：自助・地域重視、公共支出削減の影

総選挙に2度続けて敗れた後に政権復帰した保守党は、政策の軸足をより中道にシフトさせ、自由民主党との連立政権で取り組んだ社会ケア政策の分野でも、サービスの質の重視をはじめ労働党政権と類似した点が多い。

ただ、連立政権の最初の白書『成人社会ケアのビジョン』は副題の「力のある地域とアクティブな市民」が示すように自助や地域の力を重視するとともに、中央政府よりも自治体、行政による統制よりも第一線の専門職の自治的取組みを重視している点に、特徴がある（DH, 2010b）。また、パーソナライゼーション（personalisation）の拡大の例に見られるように、高齢者等の当事者を中心に据えて社会ケアの業務を運営していく方針はより一層徹底した形で継続されているといえよう（パーソナライゼーションについては、第3章1(2)参照）。

　連立政権が社会ケアの行政・財政分野で果たした特筆すべき事項は、何といっても長年の懸案であったケア費用の負担方式の見直し議論に一定の決着をつけたことであろう。労働党政権は、政府と個人のパートナーシップ方式等により財源問題を解決しようとしたが着手が遅く結局政権交代となったのに対し、連立政権は、「ケア・支援の財政に関する委員会」（Commission on Funding of Care and Support、いわゆる「ディルノット委員会」。以下同じ）での検討を経て、より自助の考え方に近い、生涯ケア費用負担上限額（キャップ）方式を採用するとともに自治体によるニーズ認定の全国標準化にもこぎつけた（井上、2014）。もっとも、生涯ケア費用負担上限額（キャップ）方式の実施は2020年4月からに延期されることになり、ふたたび先行きが不透明な状況に入っている（第9章参照）。

　併せて連立政権が成し遂げたのは、社会ケア・サービス法制の全面的見直しである。その現状・課題の検証作業は労働党政権時代の2008年から法律委員会（Law Commission）で始まっていたが、関係法律を簡素化し単一の法律にすべきであるという勧告を踏まえ、新しい介護費用負担方式等の実施に必要な規定もその中に盛り込んだ2014年ケア法が社会ケア・サービスに関する新しい総合法として再出発することとなった。

　こういった政策動向の一方で、社会ケア分野の行財政の持続的な運営に大きな影を落としているのが、中央政府の進めている財政再建である。財政再建は2010年の総選挙以来掲げられている中央政府の至上命題であるが、ケア・サービス利用者の減少や重点化が進むだけでなく、自治体の財政を追い

詰めてきた財政緊縮が 2014 年ケア法第 2 段階の延期を招き、ケア・サービス事業者の経営やケア従事者の労働条件を危うくするなど、事業の様々なところできしみが出始めているように見えるからである。

3　高齢者ケアのための自治体予算

(1) 自治体の財政構造

　社会ケア・サービス関連の行政は自治体の中心的な業務であり、2015 年度の自治体経常予算の中でも第 1 位の教育（30.9%）に次いで多く、成人社会ケアが 12.5%、さらに児童・家庭社会ケアも 6.8% と大きな割合を占めている（DCLG, 2015b）。高齢者ケアのための支出は成人社会サービス経常支出の 5 割強を占めている。[7]

　一方、自治体の歳入は、居住用資産に課税するカウンシル・タックス等の

図表 2-1　自治体の「支出力」の推移（2010～2015 年度）

（出所）NAO, 2014b, Figure 1.
（注 1）「支出力」には、中央政府からの財政移転と自治体が自らか徴収するカウンシル・タックスとを含む。
（注 2）下の線は中央政府からの財政移転分のみの場合の「支出力」、上の線はカウンシル・タックスを併せた「支出力」を示す。
（注 3）2012 年度価格ベースで、2010 年度 =100。

独自財源はあるものの、約 6 割は様々な中央政府からの交付金で賄われている（DCLG, 2015b）。ちなみに、この中にはいわゆる補助金（一般・特定目的）も含まれているが、使途制限のあるいわゆるひも付き（ring fenced）の補助金はまれである。その意味では自治体の裁量権限は大きく地方分権の伝統も強いが、自治体の歳入は中央政府からの交付金に大きく依存している。

特に近年は中央政府（特に連立政権）が公共支出の削減を最優先課題として推進しているため、その影響を強く受けている。すなわち、公共支出の削減を掲げて政権に復帰した連立政権は、総選挙直後の 2010 年 6 月に「2010 年緊急予算」（Emergency Budget）（HMT, 2010a）を発表し、NHS や海外援助予算は例外として、2011 ～ 2014 年度にかけて各省庁予算を全体平均で実質 25% 削減する方針を打ち出した。その「2010 年緊急予算」の枠組みを踏まえた歳出見直しの結果、同年 10 月の「2010 年歳出レビュー」（HMT, 2010c）では、自治体予算全体は 26% の削減を求められることとなった。図表 2-1 は、連立政権が公共支出削減を本格的に開始した 2010 年度以降の自治体の「支出力」の推移を示したもので、2015 年度までの 5 年間で実質マイナス 25.2%（カウンシル・タックスの増収分を除外すると実質マイナス 37.3%）と大きく落ち込んでいることがわかる（NAO, 2014b）。

(2) 高齢者ケア予算の抑制

図表 2-2 は、成人社会ケア全体の支出等に着目し、2010 年をはさみ労働党政権時代から連立政権までの推移を一覧したものである。労働党政権は NHS の拡充に力を入れ予算を政策的に増加させたのに対し、成人社会ケアの支出額も実質価格で政権交代までの期間は増加しているが、これをピークに連立政権になってからは一転して減少に転じている。社会ケア予算は、自治体予算が大幅に削減される中で交付金の追加配分と NHS 予算節約分の移転という若干の配慮が行われたものの、結局は 2010 ～ 2013 年度にかけて平均で実質 7.5% 抑制せざるをえなかったからである。自治体協議会（成人社会サービス部長協議会）も、「2010 年歳出レビュー」で 2014 年度までに 72 億ポンドの財源は確かに追加されたが、それでも支出は到底賄えなかったと自

図表 2-2　自治体の成人社会ケア支出の推移

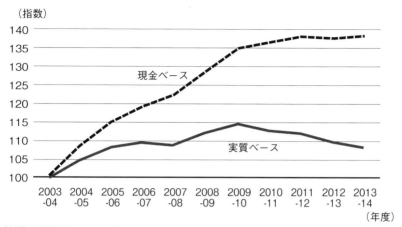

（出所）HSCIC, 2014a, Figure 3.1.
（注）2003 年度＝ 100。

治体財政の窮状をうったえている（LGA, 2014）。

　高齢者ケアの支出も削減されているが、この間も人口の高齢化が進展していることを勘案すると、実質的にはそれ以上の支出抑制が行われたことになる（図表 2-3 参照）。自治体内の他の行政分野ではより大きな予算削減の影響を受けている状況の中で、自治体予算の大きな割合を占めている成人社会ケアの予算も影響を受けざるをえなかったのである。

　これに対し、連立政権は NHS 予算の経費節減によって捻出した財源や新たに導入した保健医療ケアと社会ケアの連携を図るためのベターケア基金（Better Care Fund）のような特別基金を社会ケア分野で有効に活用することを推奨している。しかし、自治体協議会（成人社会サービス部長協議会）は、現在のペースのまま財政抑制が続くと 2019 年度には実質 33％ の支出削減になってしまい、成人社会ケア経費の収支は 43 億ポンド（2013 年度予算の 29.4％ 相当）の不足に陥ると警鐘を鳴らしている（LGA, 2014）。

図表 2-3　自治体の純経常支出と高齢者人口の推移

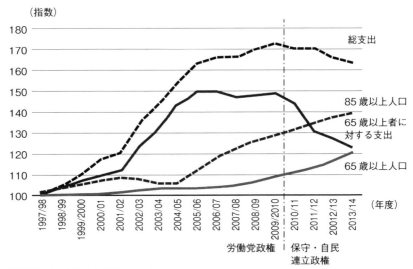

（出所）Burchardt, T.et al., 2015, Figure 1.
（注）1997 年度＝ 100。

（3）緊縮財政の影響

　以上のような成人社会ケア予算の圧縮の影響は、事業量の圧縮、ケア・サービスの重点化、外部委託等の具体的な事業活動の随所に現れ始めている。例えば、自治体による在宅ケア・施設ケアを利用する者の数は、労働党政権終盤から減少傾向が始まっていたが、2010 年度以降さらにその傾向が顕著になっている（図表 2-4 参照）。これをさらに事業種別に見たのが、図表 2-5 である。いずれもケア・サービスの受給者は明らかに減少し、公的なケ

図表 2-4　在宅ケア及び施設ケアの年度別利用者数（65 歳以上）（単位：千人）

	2008	2009	2010	2011	2012	2013
在宅ケア	1,016	958	873	802	712	672
施設ケア	260	249	246	245	243	238

（出所）HSCIC, 2014c, Table 3.1 及び HSCIC, 2012, Table 3.2 に基づき筆者作成。
（注）複数の在宅ケアを利用している者も存在する。施設ケアは、レジデンシャル・ケアホームとナーシングホーム利用者の合計。

図表 2-5　成人社会ケア・サービス利用者数（事業別）の推移（2008～2013年度）

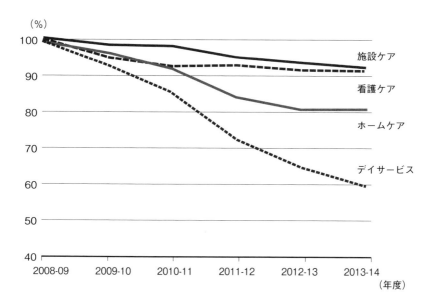

（出所）NAO, 2014b, Figure 4.
（注）週当たりの利用者数の変化を示す。

ア・サービスの利用者はより重度な者に限定化されていく傾向にある（在宅ケア・サービスの重点化については、第4章2（2）参照）。

　また、自治体は財政節減のため直営事業の圧縮等の様々な対応を迫られ、ケア・サービス事業の外部委託方式がますます増加している（第4章2（1）、第5章1（2）参照）。と同時に、自治体がケア事業者に委託する際の料金の低さがケア・サービスの質や従事者の労働条件、ひいては経営に様々な実質的な影響を与えている。ケア事業者は自治体に対してかねてからその適正化を求めているが、近年は一層その深刻度は強まっている。自治体側においても、おりから2014年ケア法が施行され、支出増を伴う様々な業務を控えているにもかかわらず多額の予算不足を抱えていることは既述のとおりである。政府の会計検査院は、自治体による2014年ケア法施行の第1段階の実施準備は良好に進められてきたと評価する一方で、実施費用面で自治体が大

きな不安を抱えていると警告している（NAO, 2015）。2014年ケア法の第2段階の施行が4年間延期されたことは、図らずも予算確保に暗雲が立ち込めていることを明るみに出したといえよう。連立政権は、ベターケア基金等の手法で財政的てこ入れを図っているが、そのような手法がどこまで続けられるのか、今後注視していく必要があろう。

4　保健医療サービスとの連携

(1) 労働党政権時代の連携促進

　高齢者は様々な生活支援ニーズを有しているため、成人社会ケアだけでなく関連する諸サービス、とりわけ保健医療分野と連携した支援の必要性は高い。これに対し、英国の成人社会ケアは自治体が担っているのに対し、保健医療サービスを担うNHSは基本的に国営事業の体制をとっていることから両者の連携はかねてからの懸案である。2つの事業では、行財政体系、業務運営が異なるだけでなく、各事業に従事する専門職の価値観の違い等もあり、その連携の困難さは、しばしば「ベルリンの壁」ともいわれてきた。歴代の政府は様々な手法で取り組んできたが、あまり順調に進捗してきたとはいいがたい。[8] 本書では、労働党政権以降の連携促進策のうち主要なもののみをとりあげる。

[パートナーシップ措置]

　労働党政権は、既に述べたように、「行政の近代化」を内政上の大きな課題に掲げていた。なかでも重視していたのが、行政組織間、政策相互のパートナーシップ（partnership）という連携の促進である。joining up（又はjoined up）という言回しもしばしば用いられた。保健医療サービスと福祉サービスについても体系の垣根を超え利用者本位のサービス提供を目指すという観点から「パートナーシップによる行動」という提案文書が発表された。具体的には、戦略的な計画策定、サービスのコミッショニング[9]及びサービスの提供の各局面に着目し、行政機関（サービス）の連携を進める手法とし

て3種類の手法を提案した（DH, 1998b）。いずれも前例がなくはないが、促進していくためには法律上の制約を解消する必要があったため1999年保健法（Health Act 1999）を制定し、NHSと自治体間の協力義務を課すとともに、連携の制約となっていた既存の枠組みを弾力化するパートナーシップ措置（partnership arrangements）を導入した（2000年4月から。現在は2006年保健医療法（Health Act 2006）に統合）。

　第1は、共同基金（pooled funds）で、NHSと自治体の両者の協定に基づいて互いに資金を拠出し、両者から分離した特別の基金会計で合意したサービスに使用するというものである。第2は、コミッショニングの実施権限を両者のどちらか一方に移管し、そこが一括して権限を実施するという手法（lead commissioning）である。精神障害、知的障害関係サービス等の分野で比較的よく利用された。第3は、両者のスタッフ、資源、行政組織等を一体化してサービス提供を統合する手法（integrated provision）である。その後2000年のNHSプラン（DH, 2000, p.73）では、NHSの地域保健当局（Primary Care Trust）でありながら基礎自治体の福祉部局と組織統合し、地域の保健医療と福祉、精神保健医療と福祉の事業を一体的に実施する組織形態であるケア・トラスト（Care Trust）の方式が提案され、一時は全国に10のケア・トラストが設置されていた。ケア・トラストはパートナーシップ措置のいわば一つの究極の形といえよう。これらのパートナーシップ措置を導入した成果は必ずしも明らかではないが、監査委員会の報告書によれば、これらの手法の中で最も普及した手法は共同基金方式である。もっとも、全体予算に占める割合は2007年度当時で3.4％にとどまっている（Audit Commission, 2009）。

[退院遅延ペナルティ制度]

　このような行政組織・サービス間のパートナーシップとは別に、具体的な保健医療サービス・社会ケアにおける提供場面で導入された連携事業の代表的なものは、退院患者に関する病院と自治体の連携を罰金方式で迫る取組みである。スウェーデンでの手法に倣ったもので、病院（急性期病院）は、患者が自治体のコミュニティケア・サービス（自宅またはケアホームで生活する

ことを支援するサービス）を必要とする場合、自治体に退院予定日を通知し、自治体がそのサービスを用意できないために退院が遅れる場合は、自治体が病院に1日あたり100ポンド（ロンドン等では120ポンド）を支払うという仕組みである。2003年コミュニティ・ケア（退院調整）法（Community Care [Delayed Discharge etc] Act 2003）によって導入された。背景には、退院遅れの大きな理由として、退院後のケアホーム入所待ちや、地域でのサービス不足が指摘されていたことがあった（NAO, 2003; CSCI, 2004）。かなり強権的な手法ではあるが、退院遅れにペナルティを科す一方で、自治体に特別の補助金を与え、保健医療・福祉部門が協働・連携して、病院ケアに代わる新しい地域ケアのサービスを開発していくことも促進していった。[10] これらの対策の結果、退院遅れは、2001年の5,396件から2005年の1,804件へと67%減少するなどの改善が進んだと報告されている（CSCI, 2006b）。

(2) 連立政権時代の連携促進

　行政組織間のパートナーシップという手法は、基本的には連立政権にも引き継がれている。連立政権の最初の白書『成人社会ケアのビジョン』（DH, 2010b）は、社会ケアの現代的システムを構築していくための7原則をあげ、その一つにパートナーシップをあげていることから、引き続き連携を重視していることに変わりはない。また、社会ケア、住宅、雇用等の分野間のjoined-upというような言い回しも登場する。

[共同コミッショニング]

　連立政権時代に入り連携の中でも特に重視されているのは社会ケアと保健医療の共同のコミッショニングである。というのも、おりから連携の相手方であるNHSの行政機構が、2012年保健医療・社会ケア法（Health and Social Care Act 2012）により大規模に改革され、運営におけるコミッショニング機能の強化のため、CCG（Clinical Commissioning Group）という地域の開業医（総合医、general practitioners, GP）を主体とした組織を設置することになったからである。NHSの従来の地域保健当局（Primary Care Trust）も保健医療サービス

図表 2-6　2012 年改革後の NHS の組織

```
┌─────────────────────────────────────┐
│       保健省（Department of Health）    │
└─────────────────────────────────────┘
    │                              │
    ▼                              │補助
┌─────────────────────────────┐    │規制
│ NHS コミッショニング委員会（NHS イングランド）│   │
└─────────────────────────────┘    │
    │      予算  │                  │
    │           ▼                  ▼
    │      ┌──────────────┐ ◄--協力--► ┌──────┐
    │予算  │    CCGs      │           │自治体 │
    │      │（クリニカル・コミッ  │           └──────┘
    │      │ショニング・グループ）│              │
    │      └──────────────┘              │
    │           │ 委託                   │
    ▼           ▼                       │
┌─────┐ 紹介 ┌──────────────┐            │
│ GP  │────► │  FT（病院）   │            │
│(総合医)│   │(ファウンデーション・トラスト)│           │
└─────┘     └──────────────┘            │
   │ 一次医療      │ 二次医療              │
   ▼              ▼                     ▼
┌─────────────────────────────────────┐
│            地域住民                   │
└─────────────────────────────────────┘
```

（出所）厚生労働省「2015 年　海外情勢報告」図 3-4-34 に基づき筆者作成。

の購入者であったが、プライマリケアの臨床専門家であり、より患者に近い存在である医師が購入の意思決定を行うのが最適だという観点から、医師中心の組織となった。自治体の高齢者ケア部門は、今後はこの CCG とコミッショニングにおいて連携しながら、購入、調達等の役割を果たしていくこととなる。但し、開業医を中心とした CCG にどの程度の管理能力があるのか不安視する声も少なくなく、今後の課題である。

[地域保健医療・福祉委員会]

　NHS 改革の中心は、購入者・供給者間の擬似市場の一層の効率化を目指した購入者と供給者それぞれの組織再編であったが、連携という観点では、公衆保健活動の一部に自治体の関与が認められるとともに、地域の保健医療、福祉、公衆衛生を通じて主導的な役割を持つ委員会が新たに設置されることとなった。すなわち、2012 年保健医療・社会ケア法に基づき、自治体は地域保健医療・福祉委員会（Local Health & Wellbeing Board）を設置すること

が義務となった。同委員会は、地方議会議員、福祉部局や公衆保健部局の部局長、CCG の代表、地域の Healthwatch 団体の代表者等から構成され、執行機関ではないが、保健医療・社会ケアの供給者に対する連携の奨励、パートナーシップ措置を推進するための助言、支援を行うなどの連携活動の奨励（同法 195 条）及び自治体・CCG が戦略的なニーズ評価を共同で実施することを踏まえて保健医療・社会ケアに関する共同の地域の推進戦略の策定等が役割として期待されている（同法 196 条）。また、下記のベターケア基金の執行に関しても保健大臣に申請する地域の計画を承認する役割を果たすこととなっている。ハンフリーズらは、2012 年保健医療・社会ケア法に基づいて保健医療、福祉の連携の機能を持つ地域保健医療・福祉委員会に単一のコミッショナーとしての役割を果たすことへの期待はあるが、同時に役割が不明確で権限や組織が弱いという意見も強いことから、その権限の強化を提案している（Humphries R.& Wenzei L., 2015）。

[ベターケア基金]

　他方、保健医療と社会ケアの連携を特別にプールした基金により財政面で後押しし促進していこうとして設置されたのが、ベターケア基金である。2013 年 6 月の予算（HMT, 2013）で打ち出され、別途予算上特別の配慮をしている NHS から主として経費を捻出し、社会ケアと連携しながらより効果的な事業を展開していくため 38 億ポンドを確保したものである（事業は 2015 年度以降実施。連携への取組みを加速する資金として 2014 年度には別途 2 億ポンド）。ベターケア基金を使用できる事業としては、事業計画の共同作成、週 7 日体制での退院支援や週末の不必要な入院の予防、保健医療・社会ケア間のデータの共有、ニーズ評価やケアプランニングの共同等の条件が設けられ、地域の CCG と自治体が協働で取り組み、地域の地域保健医療・福祉委員会での承認を得たうえで保健大臣に申請することとなった。ただ、全国から申請が行われた後の 2014 年 7 月になり、NHS が求められている 10 億ポンドの節減を達成するため緊急入院の削減を中心に計画を改定して再申請するという手続き的な混乱があり、中央政府の当初の指示の不徹底であると

ともに、地域における連携、社会ケアの予算不足の補完を期待していた自治体の基金に対する不信感も発生している（NAO, 2014c）。ハンフリーズらは、もともと保健医療サービスと社会ケアの全体予算を統合化すべきであるという立場であるが、健康的な地域での自立のような保健医療メリットに資する社会ケアを促すことが本来の目的であったベターケア基金が、緊急入院の削減と予算削減に変質してしまったと論難している（Humphries R. & Wenzei L., 2015）。他方、ベターケア基金への財源拠出を求められるNHS側も、保健医療サービスは確かに他分野よりは財政配分は優遇されているものの、社会ケアへの協力には限界があるとして警戒する声もある（Ham C., 2015）。

第3章　高齢者ケア・支援サービスの利用

　英国では、ケア・支援（care and support）を必要とする高齢者のニーズを満たすため必要なサービスを提供することは、法令に基づく自治体の義務である。このようないわば措置方式とでもいうべき法体系をとりつつも、ケア・支援サービスの利用場面においては高齢者の希望に可能な限り配慮することを重要視し、さらに利用者の選択を拡大する施策を特に労働党政権以降鋭意展開しているのが顕著な特徴である。具体的には、自治体から受けられる支援額の範囲内で高齢者自らが利用するサービスを決める方式を推奨するとともに、ケアプランの策定等を自治体以外の独立事業者に依頼できる仕組みを推進していこうとしている。一連の政策は、高齢者のニーズの認定から利用するサービスの内容まで自治体が中心に決定していた措置方式が利用者主体の契約方式へと転換してきたわが国のプロセスと類似しており、いわば、英国版の「措置から契約へ」の展開といえるかもしれない。

　さらに近年の大きな動きは、長年の懸案であったケア費用負担のあり方について生涯ケア費用負担上限額（キャップ）方式とすることが政治的に決着するとともに、2014年ケア法が制定され、自治体によるニーズ認定の基準が全国的に標準化されたことである。とはいえ、2016年4月から実施される予定であったキャップ方式は、2020年4月からの実施に延期されることとなった。

1 ケア・支援サービスの利用

(1) 自治体によるニーズの認定とケア・支援の実施

　高齢者は、自治体によるケア・支援を受けようとする場合、まずそのニーズを有するという認定を自治体から受けなければならない。と同時に、自治体には、高齢者の申請の有無にかかわらず、ニーズを有するように見える高齢者に対してはその評価を行う法令上の義務がある。いずれの場合も自治体には、ニーズを有すると認定した場合にはそのニーズを充足する義務があり、具体的にケア・支援を行っていくためのケアプランを策定し、ケア・支援サービスを提供していくことが求められる（2014年ケア法9条、18条、24条等）。

　わが国の介護保険法のように、高齢者が要介護認定を市町村に申請し、認定を受けると高齢者が自ら介護サービスを利用していくという方式ではなく、基本的には自治体が提供すべきサービス内容を決めていく措置方式を依然としてとっているわけである。高齢者に対するこのようなニーズの認定から充足までについて、従来は、介護保険法や老人福祉法のような単一の特別法はなかった。社会福祉サービス全般の提供については、第二次世界大戦後の福祉諸法の基本法である1948年国民扶助法（National Assistance Act 1948）は、「老齢、疾病、障害その他ケア又は見守り（attention）を要する状況にあり他の手段では対応できない18歳以上の者」に対して施設（residential accommodation）を提供すること（同法21条）、また、「視覚障害、聴覚障害又は……の18歳以上の者」に対して福祉を推進すること（同法29条）、を自治体に義務付けていた。また、後に制定された1968年保健医療サービス・公衆衛生法（Health Service and Public Health Act 1968）は、高齢者の福祉を推進するためのサービスを提供する権限を自治体に与えていた（Clements L., 2004）。他方、ニーズの評価やケアマネジメントについては、ようやく1990年NHS及びコミュニティ・ケア法（同法47条）によって自治体による一元的な体制が整備された。このように成人社会ケアに関わる多数の法令が錯綜して複雑

化していたため法律委員会で抜本的な見直しが行われて2014年ケア法に一本化され、2015年4月から第一段階部分が実施されている（第9章参照）。

　自治体が高齢者のニーズを評価するための基準は、自治体内の地域によってもかつてはまちまちであった。そこで、自治体における認定の統一性を保つため保健省がガイドラインを策定し、生活上の障害（リスク）に着目して基準を4段階（critical、substantial、moderate、low）に分類し、少なくとも自治体単位でいずれかの段階に準拠して認定を行うよう指導していた（DH, 2002a）。近年は財政状況の厳しさから中重度（substantial）又は重度（critical）の基準を採用する自治体がほとんどとなってきたものの、[11] 高齢者が他の自治体に転居すると取扱いが異なるなどの不都合も生じていた。このように地域差は長年の課題になっていたことから、成人社会ケア関連法全般の抜本的見直しを行った法律委員会でも重点的に審議され、労働党政権時代の検討を経て連立政権が2014年ケア法を制定し、認定基準は全国的に標準化されることとなった（2015年度から実施）。

［ケア・支援ニーズ認定の新しい全国基準］

　新基準は、これまでの中重度に近い水準に設定されているが、具体的にケア・支援を必要とすると認定されるのは、高齢者の有するニーズが心身の障害又は疾病に起因又は関連していること、そのために一定の行為が2つ以上できないこと、結果としてその高齢者の福祉に大きな影響を与えている（又はその蓋然性がある）こと、という3要件をすべて満たす場合、と定められている。（図表3-1参照）一定の行為としては、栄養の管理・維持、清潔保持、排泄管理、着衣等の10項目が定められている。「大きな影響」については、個人差があるという理由で個別の判断に委ねているので、全国標準化の実際については今後の運用を待たなければならないが、少なくとも居住している自治体で一旦認定を受ければ、その認定は転居先でも引き続き効果を持つこととなる。

　高齢者の状況は、家族等によるケアを受けているか否かにかかわらず、そのケア・支援に関するすべてのニーズを自治体は評価する。介護者がいる場

合はそのケアの状況は情報として把握しておく必要があるものの、認定決定に影響を与えてはならないこととされている。但し、認定の結果に基づいて策定されるケアプランにおいては、介護者によるケアが考慮に入れられ、わが国の介護保険制度の場合とは異なり、介護者によって充足されている部分について自治体はケア・サービスを提供する必要はないとされ、但しその記録はとどめておく。このことにより、介護者によるケアに状況の変化が生じた場合にも、高齢者のニーズの全体像を踏まえて適切に対処することができることとなる（DH, 2014b, para 6.15）。

図表 3-1　ケア・支援ニーズ認定の全国基準（3 要件）

第 1 要件 　高齢者の有するニーズが心身の障害又は疾病に起因又は関連して生じている。 **第 2 要件** 　有しているニーズのため、次のようなことのうち 2 つ以上達成することができない。 　栄養の管理・維持、清潔保持、排泄管理、着衣、家の安全な利用、住まいの管理、家族その他の人との人間関係の形成・維持、仕事・訓練・教育・ボランティア活動への従事、公共交通・レクレーション施設等の地域サービスの利用、子供の養育 **第 3 要件** 　結果としてその高齢者の福祉に大きな影響（significant impact）を与えている（又はその蓋然性がある）。

（出所）Care and Support（Eligibility Criteria）Regulations 2015 No.313. に基づき筆者作成。

　ちなみに、在宅サービスと施設サービスのどちらを選択するかはわが国では利用者の判断に委ねられているのに対し、英国では、利用者の意向等を尊重しつつも最終的に判断するのは自治体である。ただ、施設利用において、高齢者のニーズや状況に照らして妥当性が認められるときは、入所先施設を全国の他地域から選択することも可能であり、また、親族等が追加料金を払うことにより自治体が推奨する施設より高い料金の施設に入所することもできるなど、利用者の意向が尊重されている。高齢者に一定（23,250 ポンド）

以上の資産がある場合は自治体からケア・支援を受ける場合も全額自己負担となるため私費契約利用の道を選ぶ者（いわゆる self-funders）が多いが、自治体にはすべての地域住民に対して情報提供や助言を行う責務が法令上あり、そのことはガイドラインでも強調されている（DH, 2014b）。いずれにせよ、ケア・支援サービスの提供は自治体の法的義務であるが、その義務を果たす方法は自治体事業による直接提供、自治体が委託する事業者による提供、利用者が自ら選択する直接給付の提供のいずれでも可能である（2014年ケア法8条）。かつて自治体による直接提供という傾向が強かった時代にも法律的に事業を直接実施する責任があったわけではないが、前述のコミュニティ・ケア改革以降、自治体の役割はケアマネジメントと条件整備という考え方が今や定着している。

なお、ニーズの認定については基準が全国標準化されたものの、自治体が実施するケア・支援サービスの内容や水準については、財政上の制約を考慮に入れることができるなど自治体に裁量の余地が残っている。わが国の介護保険制度では給付されるサービス水準が基本的に全国的に統一されているのに対し、2014年ケア法は提供されるケア・支援の内容まで標準化したわけではない。したがって、自治体財政の厳しい状況の中で、高齢者が利用できるケア・支援の内容や水準が地域によって異なるという問題は今後もつきまとうことに注意しておく必要がある。

(2) 利用者による選択

ケア・支援サービスの提供場面で進行している民間事業者の参入拡大や多様化と対をなし、近年ますます強調されているのは、利用者中心あるいは利用者による選択という視点である。高齢者が抱えているニーズの内容や程度を評価し支援していく際に、自治体は高齢者の能力や置かれている個々の状況を踏まえる必要があることはいうまでもない。この点に関しては、高齢者に対するケアマネジメントが一元化された当時の政府のガイドライン（DH&Social Services Inspectorate, 1991）でも、認定を受けた者が必要な支援を受けられるように利用者の意向を踏まえるべきこと、ケアプラン作成において

利用者(その介護者も)の参加が重要であることを明示していた。また、全国高齢者サービス・フレームワークにおいても高齢者に対する保健医療・社会ケアサービスに関する8項目の基準のうちの一つとして利用者中心のケアを掲げ、高齢者に個人として対応し、自分のケアを選択できるようにしていくべきことを目的として示している(DH., 2001)。このような利用者の意向を重視するという考え方は、利用するケア・支援サービスの内容に関する選択にとどまらず、さらにケアプランの作成自体の選択へと、ますます顕著になっている。これに関し近年推進されているのは、在宅ケアを必要とする者について、自治体によるケアマネジメントに代わり、自治体が認定したニーズに対応した支援額の範囲内で利用者自身が利用するサービスの内容を自分に合うように選択し決定していくという考え方で、パーソナライゼーションと呼ばれている(Carr S., 2012)。

その端緒となったのは直接給付(Direct Payment)方式で、ニーズの評価を行い認定するまでは自治体が行うが、希望があれば在宅での支援額相当の現金を利用者が受給し、利用者がこれを管理しながら必要なサービス(個人の身辺援助、業者サービス、住宅改造等)をアレンジして購入し、生活の自立を図っていく手法である。もともと障害者の自立生活運動の中からの要求として生まれ、1996年コミュニティ・ケア(直接給付)法(Community Care (Direct Payments) Act 1996)によって1997年4月から導入され、その後2000年には対象が高齢者、障害児等に拡大された。2003年4月からは、直接給付を利用することを了解しそれを管理することができる者には、自治体は直接給付を提供する義務を負うこととなった(Gheera, M., 2012)。障害者の場合、個人介助者(personal assistant)を雇い上げると個別の柔軟なケア・ニーズに対応することができるので、直接給付の一つの有効な使途として活用されている。

[個人予算の推奨]

さらに、現金給付を受けるか否かを問わず、認定されたケア・ニーズに対応する支援額の範囲内で利用者がサービスの内容を選択・決定していく個人予算(Personal Budget)という手法が利用者本位という観点から望ましい、と

いう考え方が次第に強まっている。政府文書では 2005 年の「障害者の人生のチャンスの改善」(Prime Minister's Strategy Unit, 2005) で初めて言及され、その後 13 カ所でパイロット事業が実施された（Stevens M. et al., 2011）。パイロット事業を経て 2007 年 12 月には保健省を含む 6 省庁、自治体協議会、NHS、民間ケア・サービス事業団体等の関係機関が成人社会ケア・サービスにおける相互の役割を確認した協定書（Concordat）(HM Government, 2007) において、利用者本位という観点から、すべての公的支援を受ける成人社会ケア・サービスの受給者に個人予算方式を利用していくようにすることが目標として盛り込まれた。

　個人予算には、サービス内容・金銭管理とも全面的に利用者が行う個人給付方式の他、サービス内容は自己決定するが金銭管理は自治体や第三者機関に委ねる管理方式、及びこれらの混合方式がある。[12] 個人予算には直接給付のような法律的な根拠はなかったが、連立政権は、政権最初の成人社会ケアに関する白書『将来のためのケア：成人社会ケアのビジョン』(DH, 2010b, p.19) において、2013 年 4 月までに、自治体はすべてのケア・サービス受給者に個人予算、できれば直接給付方式で提供していくべしという方針を打ち出した。[13] このようなパーソナライゼーションは、在宅ケアにおいて先行したが、その後 2012 年 7 月の白書『将来のためのケア：ケア・支援の改革』(HM Government, 2012a) は施設ケアについても一部地域で試行していく方針を示し、また、対象となる給付をケア・サービス以外の障害関係給付、補装具関係給付等も含めていく個別予算（Individual Budget）やさらに保健サービス給付にまで拡大していく手法についても、パイロット事業等を踏まえ検討が行われている。さらに 2014 年ケア法では、自治体の評価によりケア・ニーズありと認定された者に対しては、自治体のケアプランと並んで個人予算が選択肢として盛り込まれた（同法 26 条）。

　個人予算方式の利用は、2010 年度から 2011 年度にかけて 38％増加するなど急速に伸びて 432,349 件に達し、支給額も自治体の成人社会ケア支出の 14.8％を占めるに至っている（ADASS, 2012）。また、介護者も含めた支援サービスを受けている者に占める個人予算及び直接給付の受給者の割合が、

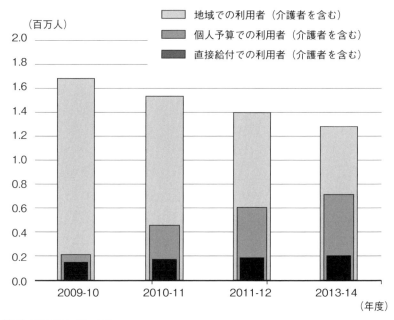

図表 3-2 個人予算及び直接給付の利用件数の推移

（出所）NAO, 2014a, Figure 17.

2012年度で半数を超える56%となっている（図表3-2参照）。もっとも、直接給付を受ける者が個人介助者等を使用する場合は事業主という位置づけになり、最低賃金、傷病給付、年休等について事業主として法令遵守を求められるため、直接給付が普及するのはそれほど容易ではないと考えられている。また、障害者に比べて直接給付を受給している高齢者の数はそれほど多くなく、少しずつ増加している状況である。

2 利用者に対する支援

(1) ケアプラン作成支援者の多様化

ケア・支援サービスの利用における高齢者の選択拡大の一環として、もう一方で展開されているのは、ケアプランを作成する高齢者に対する支援者の

多様化である。かつてはケア・支援ニーズの認定後のケアプラン作成は、最終的には自治体の職員（多くはソーシャルワーカー）が行っていたわけであるが、直接給付方式では利用者が資金を管理し利用するサービス内容を決定していく。それ以外の個人予算の場合であっても、サービス内容は利用者が決定していく。その場合、よりよいケアプランを高齢者が作成していくためには適切な支援のあることが望ましいので、自治体職員に期待される役割も高齢者自身によるケアプラン作成を支援するという立場にいわば変化していく。さらに、このようなケアプラン作成の支援者（support planner）についても、利用者が多様な選択肢の中から選べるよう環境を整えるという観点から、自治体に限定せず利用者主導民間団体等の第三者事業者に広げていこうというのが、最近の動向である。自治体のソーシャルワーカー等がケアプラン作成の支援を実施しているのは既に約3分の2程度に減少している。[14]

この路線の延長として、現時点ではパイロット事業の段階に過ぎないが、ケア・支援ニーズの評価等を含めた自治体のソーシャルワーク業務自体を社会的企業（Social Enterprise）等に外部委託化するという取組みも一部の地域で試みられている。もともとソーシャルワーカーの業務については、自治体から独立した小規模のソーシャルワーカー主体の組織があってしかるべきではないかという議論（いわば独立開業論）が以前からあった。外部化することにより、自治体組織のような官僚主義的弊害が軽減されて専門職としての意欲・士気が向上し、決定場面における専門性の発揮等が期待でき、ひいては離職や欠員が多く人材確保・定着が困難な自治体の現状改善にも資するのではないかなどの考えからである。児童福祉分野でまずパイロット事業が実施され（2009年12月～2010年5月）、次いで成人社会ケア分野にも拡大された（2012年6月～2014年3月）（Manthorpe J.et al., 2014）。そして，このパイロット事業では、ソーシャルワーカーにケアマメジメント等の業務よりも、地域に出向いてコミュニティ・ディベロップメントの場面で力を発揮することも期待していこうとしている（DH, 2012b）。ちなみに、2014年ケア法でも、自治体がケアマネジメント等の業務を外部委託することを可能としている（同法79条）。もっとも、このような自治体業務の外部委託化に対しては、本来こ

れらの業務は自治体の責任で実施すべきという原則論、民間事業者の参入を招くという警戒感、職員の労働条件への懸念等から反対論も根強いので、今後の展開は不確定要素が多い（Manthorpe J., et al., 2014）。ソーシャルワーカーは自治体の社会福祉部門における中核的な専門職として長年役割を果たしてきただけに、その役割が今後どのように変化していくのか注目される。

いずれにせよ、ニーズを有する者に対するケア・支援の義務が自治体にあるという意味では、英国の社会ケア・サービスは措置方式をとっている。とはいえ、その方式を維持しつつ、ケア・ニーズに対応した支援額が決まった後は、ケアマネジメント専門職等の支援を受けながら利用者がケアプランを作成していくというプロセスは、わが国の介護保険制度の仕組みに近づきつつある。近年の一連の展開は、いわば英国版の「措置から契約へ」の展開といえるかもしれない。

(2) 判断困難者に対する支援

高齢者は様々なニーズを有するがゆえに自治体にケア・支援サービスの提供を求めるわけであるが、そのような高齢者も自治体におけるケアプランの作成過程等の場面で積極的なパートナーとして参加することが期待され、2014年ケア法はそのような配慮をすることを自治体の責務として定めた（同法1条3項他）。とはいえ、人口の高齢化が進行すると、認知症等により判断能力の低下した高齢者が増えていく一方で、保健医療サービスや成人社会ケアの様々な重要なサービス利用の局面で本人の意思確認が必要となってくる（コラム B 参照）。

そのような場合にもなお当事者の利益を最大限尊重するための第1の仕組みが、独立代弁人（Independent Advocacy）という制度である。そのような仕組みは以前からあったが、2014年ケア法により、一定の場合に自治体は独立代弁人を手配することが義務付けられることとなった。すなわち、第1に独立代弁人がいなければケア・支援のためのプラン、その見直し等において高齢者本人が判断することに大きな困難を抱え、第2に当該高齢者を支援し希望を代わって伝える適当な個人（介護者、家族、知人等）がいないという2

つの状況にある場合は、適当な者を手配しなければならないこととなった。認知症等の状態にあるために、必要な情報を収集、評価し、また自分の希望を伝達するのが困難な場合等があげられる。但し、高齢者の意思に反してはならない。また、その者にケア・サービス等を提供している者は独立代弁人になることはできず、独立代弁人になる者には、適切な経験、一定の研修、能力、高潔で善良な人格、自治体からの独立、定期的な観察等が求められている（DH, 2014b, pp.113-130）。

さらに、認知症、知的障害、精神障害等のために、自分で意思決定を行う能力が欠けている者が自己決定できるように支援し保護するための第2の仕組みが、独立意思決定代弁人（Independent Mental Capacity Advocacy）である。英国では、判例法の積み重ねによってこれに対処してきたが、困難な局面が増えてきたことから2005年意思決定能力法（Mental Capacity Act 2005）が制定され（Department for Constitutional Affairs, 2007）、既に2007年10月から施行されている。重要な治療や長期の居所変更（28日以上の入院や8週間以上の施設入所）、あるいはケアの見直しや保護の手続きに関して判断する能力が欠ける者について、家族、知人等に適当な者がいない場合には、NHSや自治体は独立意思決定代弁人を手配する義務又は権限がある。独立意思決定代弁人と2014年ケア法に基づく上記独立代弁人に求められる要件は概ね同様であるので、両方を兼任することもできる。

但し、独立意思決定代弁人を必要とする場合であっても本人の基本的な権利と行動の自由に対し最小限の束縛に留めるという考え方に立ち、法律運用にあたっては次の5原則、すなわち①意思決定能力の推定（意思決定能力に欠けることが確証されない限り意思決定能力があると推定されるべきこと）、②自己決定援助を受ける権利（自分で意思決定することを援助するためのあらゆる手段が功を奏しない限り意思決定ができないとはみなされるべきでないこと）、③賢明でない意思決定を行う権利（賢明でない意思決定を行うという理由だけで自己決定ができないとみなされるべきでないこと）、④最善の利益（本法に基づいて意思決定能力のない者のために代わって行われる行為や決定は本人の最善の利益に適うよう行われなければならないこと）、⑤基本的な権利と自由に対する最小の制限（意思決

コラムB　認知症対策の動向

　英国では「私を忘れないで」という監査委員会の2000年の報告書（Audit Commission, 2002）が認知症対策の現状を指摘した頃から認知症に対する社会的関心が高まり、さらに2007年には英国アルツハイマー病協会からの委託研究報告書（Knapp M. et al., 2007）が認知症の患者数を、2007年7月には会計検査院の報告（NAO, 2007）が社会的なコストを指摘し、認知症対策を求める世論が一気に高まった。労働党ブレア政権時代の2007年8月には保健省内に検討のための特別対策チームが設置され、約2年の検討を重ねて2009年2月に『認知症とともに上手に生きる：全国認知症戦略』（National Dementia Strategy）（DH, 2009a）が発表された。5カ年計画として策定されたこの全国認知症戦略では17の主要目標が定められ、なかでも良質な早期診断と介入、総合病院におけるケアの質の改善、ケアホームにおけるケアの質の改善、及びその後に追加された抗精神病薬使用の低減を合わせ、4本が主要目標として展開された（DH, 2010a）。

　政権交代後の連立政権も、2015年を目標とする「全国認知症戦略」を引き継ぎつつ、2012年3月にはキャメロン首相自ら先頭に立つ「首相の認知症チャレンジ」（DH, 2012a）を打ち出した。この新「全国認知症戦略」は、保健医療サービス・ケア改善の推進（定期健診による診断率の引上げ、認知症入院患者に対するケアの向上等）、認知症に優しい地域づくり、認知症研究の推進（研究費の大幅増額）の3本柱（14項目の主要なコミットメント）で重点的に推進されることとなり、翌2013年11月には、進捗状況報告書の発表と合わせ、日本の認知症サポーターを参考にした「2015年までに100万人の認知症の友だち（Dementia Friends）を」というキャンペーンが開始された。[15] ちなみに、日本でも近年増え始めている認知症カフェは、memory café または Alzheimer's café と呼ばれ、カフェの全国リスト（Memory & Alzheimer's Cafés UK Directory）には365カ所が登録されている。[16]

　新「全国認知症戦略」の到達年次である2015年には、従来の3本柱を概ね踏襲しつつ、次の段階の「2020年に向けての首相の認知症チャレンジ」が発表された（DH, 2015）。

定能力のない者のために代わって行われる行為や決定の前に、その目的が本人の基本的権利や行動の自由をより制限しない方法で達成できないか考慮されなければならないこと）に則るよう同法第 1 条（第 2 ～ 6 節）が定めている（DH, 2007b）。

3　ケア・支援サービスの費用負担

(1) 負担能力に応じた自己負担

　自治体はニーズを有する高齢者にケア・支援サービス提供の義務を果たす一方で、ケア・支援サービスの利用に伴う費用は、高齢者本人が支払い能力に応じて自己負担するのが大原則である。但し、その料金は事業者によって決められ、自治体からの委託の場合は自治体ペースで料金が決まりがちとはいえ、公的な統一価格はなく、事業者や地域によりまちまちである。

　自治体が高齢者から支払い能力に応じて実際に費用を徴収する場合の基準については、法令と保健省の規則やガイドラインが定めている。[17] 在宅ケア・サービスの場合、高齢者の手元に公的扶助である所得補助（Income Support）の水準の 125% 相当が残るようにという基準（minimum income guarantee）はあるものの、自治体は費用を徴収できると法令で定めているにすぎず徴収義務まではないため、費用負担の程度は自治体により異なる。一方、施設ケア・サービスの場合は法令の拘束力は強く、高齢者は保有する収入や資産（貯蓄、住宅資産等）に応じて自己負担を求められる（但し、配偶者や家族の収入は算定対象外）。2016 年度では、資産が 14,250 ポンドを超えると超過資産 250 ポンドにつき 1 ポンドの比率で収入が発生しているとみなされ、他の収入と合算して支払い能力を評価される。[18] さらに 23,250 ポンド以上の資産がある場合は、費用の全額自己負担を求められる。ケアホーム（care home）への入所の場合、当初の 12 週間には資産は評価対象とならないが、その期間を過ぎるとこれらの負担ルールが適用される。ちなみに、保有している住宅に配偶者等が現に居住している場合は評価の対象外であり、さらに 2009 年 4 月からは、決定された費用負担を配偶者に求めることはできなくなっている。

住宅を保有している場合は、不動産価格の上昇の影響もあり、資産が 23,250 ポンドを超える可能性は極めて高い。その場合でも自治体によるケア・支援ニーズの評価を受け、そのケアプランに則ってケアホームに入所することは可能であるが、全額負担という点では同じであるから、ケアホームを自分で探し契約して入所する私費契約利用者（いわゆる self-funders）となる者が多い。実際、保健省は私費契約利用者としてケアホームに入所している者は 15 万 4 千人と推計しているので、入所者のうち相当な割合を占める（NAO, 2015）。ちなみに、看護ニーズがあるためナーシングホーム等に入所している場合は看護ケアの費用は NHS から支払われるため、入所者の負担は部分的に軽減される。

（参考）新しいケア費用負担方式（未施行）の概要

> **①生涯ケア費用負担上限額（キャップ）方式の導入**
> 　支払い能力に応じて自己負担するという方式は現行どおり継続するが、高齢者等はケア費用の生涯累積額が一定額（72,000 ポンド）に達するまでは自己負担し、それを上回る場合は自治体が負担する。
>
> **②ミーンズテスト上限額の引上げ**
> 　全額自己負担を求められる保有資産の上限額（当時は 24,250 ポンド）は、施設ケアの場合は 118,000 ポンドへ、在宅ケアの場合は 27,000 ポンドに引き上げる。併せて、資産評価上無視される下限額も引き上げ、施設ケア、在宅ケアともに 17,000 ポンドとする。
>
> **③ケア勘定**
> 　キャップ上限額に達するまでのケア費用については、自治体が個人ごとにケア勘定（Care Account）を管理する。このケア勘定には、当該高齢者等のケア・支援のために自治体が本来支出すべき経費が記録される（利用者が実際に支払った額ではなく）。但し、家賃、食費、光熱費等の日常生活費（daily living costs）は在宅、施設入所にかかわらず共通に必要な一般的な生活費なのでケア勘定の算定対象外とし、全国統一的に週 230 ポンドと見込まれている（減免制度があり、毎年 1.2 万ポンドが上限）。

なお、英国にはわが国のような介護保険制度はないものの、6カ月以上にわたる身体又は精神の障害のため入浴、食事、排泄等にケアを要する、医療上の見守りを要する等の65歳以上の高齢者本人に対しては、介助手当（Attendance Allowance）という給付（ケアを必要とする度合いが日中又は夜のみか昼夜をとわずかに応じて、週82.30ポンド、55.10ポンドの2段階、2016年度）がある。自治体による公費負担を受けず、自費で民間施設に入所している者は介助手当を受給することができるので、これを入所費用に充てることは可能である。

これまでの費用負担の方式では、住宅等を保有している場合はたちまち私費契約利用者となり、多数の者が持ち家の売却を迫られることとなって社会問題化したため、連立政権が抜本的見直しを行い、2014年ケア法に基づき生涯ケア費用負担上限額（キャップ）方式という新方式を導入することとなった。一定以上の資産等を保有していたために今まで私費契約利用者として個人的にケア・サービスを利用していた者も、キャップ方式が導入されれば、自治体にケア・支援ニーズ認定の申請をし、支払ったケア費用を自治体はケア勘定で記録管理することとなる。但し、この制度の実施は当初予定の2016年4月から2020年4月に先送りされ、見通しが不透明な状況となっている（第9章参照）。

(2) 施設入所費用支払い繰延べ制度

一定以上の資産等を保有しているがキャッシュに乏しい高齢者等が持ち家を売却しなくてもすむよう、一定期間（多くは死亡時まで）支払いの繰延べ（deferred payments）を認める仕組み（いわば死後精算制度）である。もともと2001年10月から導入されていたが、自治体は、若干の管理手数料は徴収するものの、利子を付すことができないというルールもあり、制度利用の条件や内容は自治体によってまちまちであった。そもそも制度を実施するかどうかは各自治体の任意であり、制度の普及は自己負担支払い者の7%程度にとどまり、必ずしも根本的解決にはなっていなかった（DH, 2013a）。

キャップ方式等の導入によって仮に住宅等の保有者の負担は軽減されるに

しても、現金の蓄えがなければ結局は持ち家売却を迫られる。そこで、その緩和策として 2014 年ケア法により施設入所費用支払い繰延べ制度が普遍化された。すなわち、自治体には支払猶予額に対して利子を付すことを認めるとともに、制度の実施を自治体の義務とし、全国のどこに住んでいても概ね同じ条件で利用できる制度とした（2015 年度から実施）。もっとも、新制度は資産がミーンズテスト上限額を下回り入所費用の一部を自己負担する者（入所期間が長期化して保有資産額が減少した者も含む）を対象としているので、資産額が多く全額自費払いの者は対象とならない。したがって、ある程度以上の資産、特に住宅資産を保有する者が自助努力で介護費用負担に備えるための仕組みについては、民間ケア保険商品等の開発が今後の課題として残っている（第 10 章参照）。

第4章 在宅でのケア

　高齢者に対するケアは、大きな流れとして施設ケアから在宅ケアへと移行しているが、決して順風満帆ではなかった。病院や施設からの退院（退所）を目指す動きは加速しても、それを受け止める地域での体制作りは必ずしも連動していなかったからである。

　地域でのケアの体制が整い重度の状態になってもできるかぎり自立した暮らしを続けることができるのは望ましいことであり、前章で紹介した個人給付化はその実現を後押しするものである。他方でしかし、近年の財政圧縮に伴い、在宅で公的なケア・サービスを受けられる者はますます重度の者へと限定化が進み、軽度の高齢者は対象外となっている。さらに、利用者の重度化にもかかわらず在宅ケア事業者の得る報酬は抑制が続いているため、ホームケアの訪問時間の確保、事業の持続可能性等にも懸念が生じてきている。幸い在宅ケアにおいては、施設ケアのような深刻な事件は近年おきていない。しかし、事業の持続可能性について危機感を募らせている関係者は多く、自治体を取り巻く現在の財政制約に何らかの見通しが立てられなければ在宅ケアの今の状況を打開するのは容易ではないと思われる。

1 施設ケアから在宅ケアへ

(1) コミュニティ・ケアの歩み

　いわゆるコミュニティ・ケアの推進については、その用例の始まりははっきりしないが、精神・知的障害者に対する支援を病院（施設）から地域ベースのサービスへという政策のシフトを指してもともと使用され、1960年代以降、高齢者や身体障害者に対する保健福祉対策においても主調となっていった（Means R., Richards S. & Smith R., 2008）。おりから英国内の病床数は1960年頃にピークに達し、高齢者は大規模病院等に多数入院し（入院患者の約3分の1）、「ベッド塞ぎ」（bed blockers）ともいわれていた。このため、病院の閉鎖・病床の縮小は保健医療政策からの要請でもあり、歴代の政権は、「施設から在宅へ」という政策を唱導した。その結果、たしかに病院部門の利用は漸減し、いわゆる在宅ケア部門の利用が増加したように見える（図表4-1参照）。しかし、病院外へのシフトは次第に進んだものの施設入所が増加する、というコミュニティ・ケアの推進とはいいがたい状況を招き、「施設から在宅へ」政策の歩みには紆余曲折があった。

　そのよい例は、既に紹介した保守党サッチャー政権下の1980年代であった。サッチャー政権は、コミュニティ・ケア推進というスローガンを掲げたものの、「小さな政府」を目指して公共支出の削減を行う一方でサービス提供の多元化、市場原理による効率化（民活路線）を図ったため、このことが皮肉にも自治体の支出削減の回避策として公的扶助給付によるケアホーム利用を促すこととなった。当時は、資産状況等の簡単な審査を受けることによって賄い・下宿手当を受給し施設に入所できたため、結果として民間高齢者施設への入所を急増させてしまったのである。図表4-1にもその傾向が表れている。その反省に立って、ケアマネジメントを自治体に一元化して財政管理とともに責任を持たせる仕組みへと改革が行われたことは既に述べたとおりである。

図表 4-1　高齢者のケア・サービス等利用の変化

	1974	1979	1984
老年科病院（入院患者）	54,600　(22.1)	54,500　(19.6)	54,100　(17.1)
自治体ホーム（入所者）	98,600　(40.0)	109,100　(39.3)	109,200　(34.5)
ナーシングホーム（長期入所者）	11,900　(4.8)	13,800　(5.0)	24,100　(7.6)
民間非営利ホーム（入所者）	23,300　(9.5)	25,600　(9.2)	26,900　(8.5)
民間営利ホーム（入所者）	19,300　(7.8)	26,800　(9.7)	55,000　(17.4)
デイ患者（1日当たり通院）	4,100　(1.7)	5,000　(1.8)	7,000　(2.2)
自治体デイセンター（定員）	13,800　(5.6)	29,100　(10.5)	34,400　(10.9)
ホームヘルプ（常勤換算職員数）	45,200　(18.3)	49,600　(17.9)	56,700　(17.9)
配食（年間、単位 1,000 食）	35,200　(14.3)	43,300　(15.6)	45,000　(14.2)

（出所）Audit Commission, 1986, Table 9.
（注）（　）内は、75 歳以上人口に対する割合。
　　　ホームヘルプと配食は様々な年齢層が利用できるが、主たる利用者は高齢者。

　なお、コミュニティ・ケアについては、グリフィス報告を受けてコミュニティ・ケアの推進方策をまとめた 1989 年 11 月の白書『人々のケア：今後 10 年、それ以降のコミュニティ・ケア』（DH 1989, p.9）では「自立と自分の生活へのコントロールを最大限達成できるよう適切な水準の介入や支援を行う」ことと定義し、在宅ケアに限らず施設ケアも含めた広範な地域の資源を視野に入れている。筆者も基本的にはそのスタンスに立っているが、日本国内では在宅ケアと施設ケアとに 2 区分する方法がなじまれており、また施設でのケアと対比しつつ在宅でのケアを紹介したいことから、本書ではコミュニティ・ケアの概念を重ねつつも現状説明等においては在宅ケアという用語を主として用いている。また、引用した英国の政府資料や統計集では最近「地域ベース」という用例も散見されるが、ほぼ「在宅ケア」と同じ概念と理解し、煩雑さを避けるために適宜「在宅ケア」と表記している。

(2) コミュニティ・ケアの推進

　その後の政権も基本的には、コミュニティ・ケアを推進するというスタンスに立っているものと考えられる。労働党政権による 1998 年 11 月の白書『社会サービスの近代化』（DH, 1998a）では、人は一般的に自分の家に住むこ

とを望み、病院への入院や施設入所は自信低下や活動低下を招くという一般論を述べ、また予防サービスやリハビリテーションの充実が必要である現状の課題として、避けられる緊急入院が増加していることを指摘したにとどまったが（DH, 1998a, Chapter 2）、その前提にはコミュニティ・ケア重視という基本スタンスがあったと思われる。実際にも、労働党政権は在宅で手厚いケア（週に 10 時間以上、6 回以上のホームケア）を受ける者の割合の数値目標を公共サービス合意（Public Service Agreements）で掲げていた。[19] また、政権中盤になると保健医療サービスの動きと連動するようにコミュニティ・ケアの方針が打ち出されるようになり、2006 年 1 月のいわゆる保健医療ケア白書『私達の保健医療、私達のケア、私達の声』（HM Government, 2006）では「コミュニティ・サービスの新しい方向」という副題が掲げられ、同白書第 6 章は「在宅により近いケア」（care closer to home）という独立の章が設けられている。やや在宅医療推進の比重が大きいように思われるが、社会ケア分野に関してもケア付き住宅、中間ケア、在宅での補助用具や手厚いケア等が在宅でのケアに果たす役割を強調している。

一方、連立政権が最初に打ち出した 2010 年 11 月の白書『成人社会ケアのビジョン』は、どちらかというと個人や地域の自立や自助を強調し、具体的な提案は予防の重視や給付の個人化を中心とするものであった。2012 年 7 月の白書『将来のためのケア：ケア・支援の改革』（DH, 2012c）も基本的には同じスタンスに立ち、自治体による取組みを促しつつ地域の様々な活動に期待している。ただ、当面の公共支出の削減を最優先していた連立政権も「地域での支援の強化」という節を設けて対策を強化していく方向を明らかにしていた点において、コミュニティ・ケアの推進は自明のものとして前提にしていると考えられよう。

いずれにせよ、一連の政策の結果、自治体の認定を受けて利用するケア・サービスにおいて、長期的な傾向としては、明らかに在宅ケアへのシフトが見られる。1980 年頃には自治体経営の老人ホーム等の施設や病院がまだ大きな割合を占めていたが、今や 7 〜 8 割が在宅ケアであり、大きく様変わりしている（図表 2-4 参照）。[20]

なお、イングランドでは年間50万人近くが死亡しているが、以前は半数を超えていた病院での死亡がこの10年間で減少して48%となり、一方で自宅とケアホームでの死亡は増加して各22%である（いずれも2013年、National End of Life Care Intelligence Network, 2015））。

2 在宅ケアの現状

(1) 在宅ケア・サービスの概況

利用される在宅ケア・サービスは多岐にわたっているが、過半は、ホームケア（home care）である。ホームケアとは、身体介護や生活介護等の在宅で提供される様々な支援であり、いわばホームヘルプに相当する。次いで多いのは、補助用具・改修である。デイケアはそれほど多くはない。直接給付は、政府が近年推奨している、利用者が受給した支援額相当の現金を管理しながら必要なケア・サービスを購入する方式である（図表4-2参照）。全体に占める割合はまだ決して大きくはないものの近年急増しており、65歳以上の者による利用も顕著ではないが少しずつ増えている。

これらの在宅ケア・サービスの提供の多くは、民間団体（チャリティ、営利事業者等）が担っている。例えば、ホームケアの提供時間を事業者別に見ると、民間団体の割合が2000年度の55.5%から2013年度には92.0%へと大きく増加している。(HSCIC, 2009, Table 1. 及び HSCIC, 2014, Figure 4.5)。しかし、在宅ケア・サービス業界の事業者は、職員が10人未満の小規模のものが多い（図表4-3参照）。

図表4-2　65歳以上者が利用した種類別の在宅ケア・サービス（2014年3月末）

(単位、千人)

計	直接給付	ホームケア	デイケア	配食サービス	短期入所（レスパイト以外）	専門的サポート	補助用具・改修	その他
397	44	205	39	17	9	36	137	24

(出所) HSCIC, 2014, Table 4.1 に基づき筆者作成。
(注) 利用者数は、複数サービス利用者も含み、ダブルカウントを除いている。

図表 4-3　成人社会ケア事業者の職員規模（2013 年）

	計	0-4 人	5-9 人	10-19 人	20-49 人	50-99 人	100-249 人	250 人以上
施設ケア	7,700	1,300	700	1,400	2,600	1,100	400	200
施設ケア以外	9,500	4,100	1,900	1,400	1,200	500	300	100
成人社会ケア計	17,300	5,400	2,600	2,800	3,800	1,600	700	400

（出所）Skills for Care, 2014b, Table 2.1.
（注）四捨五入の関係で、合計額は必ずしも一致しない。

（2）在宅ケア・サービスの利用

　自治体予算の削減の影響を受け、在宅ケア・サービス（地域ベースサービス）の利用は近年減少傾向である（図表 4-4 参照）。これと併行して特に近年の顕著な動向は、自治体の認定基準が限定化していることの反映でもあるが、利用者が次第にケアの必要度の高い重度の者にシフトしていることである。そのことは、ホームケア全体の利用時間数も減少している中で、週 10 時間以上（終日を含む）の利用者（18 歳以上）が全体の約 46%（2014 年 3 月末）を占めるなど、重点的（intensive）な利用が増加していることから明らかである（図表 4-5 参照）。
　このような重度化シフトは、「施設から在宅へ」を推進するいわば政府の公約の結果でもある。つまり、労働党政権時代には、2008 年までに在宅・施設でのケア・サービスを受けている高齢者のうち在宅で手厚いケアを受ける者の割合を少なくとも 34% に引き上げることを目標として掲げていたからである。連立政権以降も、重度化シフトを強めつつ在宅ケアを推進している点において変わりはない。支援を必要とする重度の状態になってもホームケアを受けつつ在宅で生活を継続できること自体は、望ましいことである。しかし、結果的に軽度の者への支援は後回しになるわけであり、重度ではないとはいえ在宅ケア・サービスが次第に利用できなくなることに対して、高齢者や介護者の不満は高まっている。また、軽度な時点での支援が放置されれば将来的に重度化が進行しケア費用が増大する恐れもある。しかし、これ

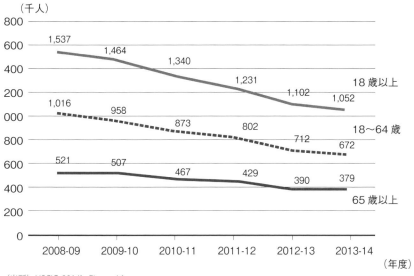

図表 4-4　地域ベースサービスの年間利用者数の推移（単位：千人）

（出所）HSCIC, 2014b, Figure 4.1.

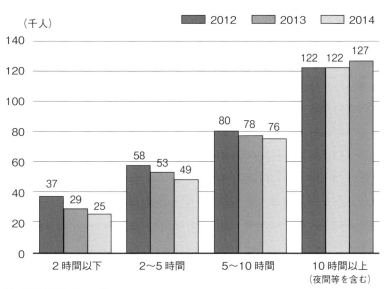

図表 4-5　ホームケアによる 1 週間の訪問時間（計画ベース）（各年 3 月末現在）

（出所）HSCIC, 2014b, Figure 4.7.

らの検討には財政問題がからむ。ケア費用負担問題について改革が迫られたのは、このような事情も背景にあったのである（第9章参照）。

重度化シフトは在宅ケアに力を入れてきた成果のようにも見えるが、その内実には懸念も多い。それを端的に表すのが、ホームケア訪問時間の短時間化である。在宅ケア事業者の全国団体（United Kingdom Home Care Association）の調査によると、ホームケアのほとんどは30分以下（イングランドでは、30分以下が約4分の3、15分以下が1割）である（図表4-6参照）。その背景には、財政節減を求められている自治体が在宅ケア事業者への委託料金を抑制し、事業者はケア・サービス提供時間の合理化（短縮化）あるいは人件費の圧縮等で対応せざるをえない、という構造がある。いわゆるゼロアワー契約（Zero Hour Contract）（雇用主は一定の仕事を保証せず労働者も提供された仕事を引き受ける義務がないという労働契約）が広がり、しばしば乱用されていることは後述のとおりである（第7章3（3）参照）。ウィストウら（Wistow G. & Hardy B., 1999）は、かつてホームケアのサービス内容や価格が実際の利用者数をベースとするスポット契約で買い上げる自治体によってコントロールさ

図表4-6　ホームケアの平均訪問時間（国別、2012年）

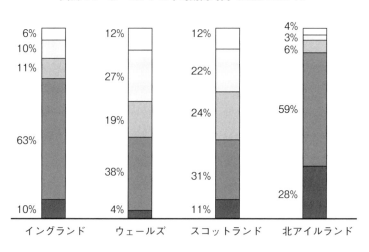

（出所）UKHCA, 2012, p.16.

れていることを指摘しているが、積年の構造はあまり変わっていないようである。

　自治体予算の削減が、結果的にホームケアの現場に様々なあつれきを生んでいることについては、ホームケアの監査結果を踏まえたケアの質委員会の報告書（CQC, 2013）も指摘している。すなわち、同報告書は、基準を満たしている事業者は約4分の3で、よい取組みも多数見受けられる反面、訪問の遅れ・中止、ケア従事者間の連携のなさなどの問題がおきていることを指摘し、自治体と事業者が力を合わせて課題に取り組むよう勧告している。

　また、政府（内務省）の平等人権委員会は、高齢者の人権という観点からより踏み込んだ特別調査を行い、[21] その報告書は、利用者の満足度が高く良好な事業を展開している事業所もある一方で計画されていても実施されないケアや硬直的なケアをはじめ極めて劣悪なケアもあるとしつつ、ケア従事者には在宅訪問時間の短さ、移動に起因するストレス等があり、事業者への委託費単価を抑えざるをえない自治体関係者にも質低下への懸念があることなどを紹介している（Equality and Human Rights Commission, 2011, pp.8-15）。さらに同報告書は、調査した自治体の33%は過去1年間に委託単価の引下げの交渉をし、さらに19%は今後1年間にその予定がある一方で、多くの事業者はそのような低料金では容認できる安全な水準のケアをすることができず、現行の料金で高齢者の人権に配慮したケアができると考えている事業者は3分の1にすぎないという状況があることを踏まえ、その勧告で、自治体の事業委託方針の中に事業者のケア費用の実費（少なくとも最低賃金を含む）を反映させるべし、という低賃金委員会の勧告[22]を強く支持した。

　確かに、在宅ケアの質を確保するためには、ケア従事者がケアに値する働き方ができるような財政的裏づけが必要であり、自治体を取り巻く現在の財政制約に何らかの見通しが立てられなければ、今の状況を打開するのは容易ではないと思われる。幸い在宅ケアにおいては施設ケアのような深刻な事件は近年おきていないが、事業の持続可能性について危機感を募らせている関係者は少なくない（Koehle I., 2014）。

3 在宅での生活自立への支援

(1) 介護予防事業

　労働党政権は、白書『社会サービスの近代化』(DH, 1998, paras 2.5-2.13) において、成人社会ケア分野の課題として、従来の在宅ケア・サービスは支援の必要性が高い者を優先するあまり低いレベルの者に対する支援が減少していることを既に問題視し、予防サービス充実の必要性を認識していた。また、それ以前の監査委員会の報告書も、予防やリハビリテーションのための事業への投資不足が結局は入院とその長期化という悪循環を招いていることを指摘していた (Audit Commission, 1986)。高齢になってもできるだけ住み慣れた所で自立した生活を継続できるようにするためには、既にケア・ニーズを有する高齢者に対する支援とは別に、何よりまず支援を必要としないような予防対策が必要であることはいうまでもない。そのため様々な予防事業が取り組まれてきているが、事業の対象が広く複雑であるだけに、どのような手法が効果的なのかについての知見は依然として断片的で十分とはいえない。高齢者を対象とする予防事業のリストアップについても関係者の間で見

図表 4-7　予防事業のアプローチ

一次予防事業	二次予防事業	三次予防事業	長期期待予防事業
健康的なライフスタイル			
ワクチン接種			
検診	検診	検診	
転倒予防	転倒予防	転倒予防	
住宅改修等	住宅改修等	住宅改修等	
	テレケア・支援技術	テレケア・支援技術	
	中間ケア	中間ケア	
	リエイブルメント	リエイブルメント	
保健医療・社会ケアのパートナーシップ	保健医療・社会ケアのパートナーシップ	保健医療・社会ケアのパートナーシップ	保健医療・社会ケアのパートナーシップ
個人給付化	個人給付化	個人給付化	個人給付化

(出所) Allen K. & Glasby J., 2010, Table.1. に基づき筆者作成。

解が収斂しているわけではないが、アレンらは、予防の段階に即して10種類のアプローチに区分している（図表4-7参照）。

　高齢者に対する予防事業は、保健福祉サービス・社会ケアの両面にわたっているが、ここではこのうち主として社会ケア分野に着目し、一次予防事業の中から健康的なライフスタイルを目指した事業の具体例として労働党政権時代のPOPP（Partnerships for Older People Projects）という特別プロジェクト事業と、労働党政権時代に始まり連立政権が一層力を入れている二次、三次予防事業であるリエイブルメント（Reablement）事業を紹介する。

[POPP事業]

　上述のように労働党政権は予防事業の必要性を当初から認識し、社会サービスの近代化を進めるための特別補助金の一環として予防事業補助金（Prevention Grant）を設けるなどしたが（DH, 1998a, para 1.16）、支援の必要度が重度になってからの事後対策からより事前対策としての予防に本格的に力を入れるようになるのは政権中盤に差し掛かってからである。すなわち、2005年3月のいわゆる社会ケア緑書『自立・福祉・選択』（DH, 2005, p.39）で予防の重要性について方針が示され、2006年1月の保健医療ケア白書『私達の保健医療、私達のケア、私達の声』（HM Government, 2006.pp.7-8）では、NHSとも歩調を合わせた路線となっていき、地域又は在宅に安全で効果的にサービスが提供されるという前提で、4つの目標（予防・早期介入、選択の拡大、格差への取組み・アクセスの改善、慢性疾患に対する支援の充実）のうち最初に掲げられたのが予防・早期介入であった。

　このような状況の中で打ち出されたのがPOPP事業で、高齢者の健康と生活自立を推進することにより入院や施設入所を予防し、自宅での生活を続けることを支援する狙いであった。自治体が主導し、NHS、民間団体等とともに高齢者のアクティブで健康的な生活の支援に向けて革新的な手法を工夫していくよう、保健省は自治体に2006〜2007年度の特別のひも付きの補助金として6千万ポンド交付した。[23] 労働党政権はその後 Putting People First というスローガンにより「利用者主体」を一層強調していくが、成人社会ケアの

第4章　在宅でのケア　65

図表 4-8　成人社会ケア推進の枠組み

（出所）DH, 2008, p.6 に基づき筆者作成。

　推進にあたっては、サービスの総合的な提供、早期の介入と予防、選択とコントロール、ソーシャル・キャピタルの4つを重要な命題と位置づけて引き続き予防を重視するとともに（図表4-8参照）、自治体等に POPP 事業等の成果を参考にしながら事業を展開するよう推奨していった（DH, 2008）。

　POPP 事業が主として想定していたのは自治体による公的支援を要する手前の高齢者であり、多くのパイロット事業は一次予防事業であったが、実際には二次～三次予防事業を目的とするもの、網羅的な事業などその内容は多様であった。いずれにせよ、2006年から2009年3月にかけて全国29カ所のパイロット地域（146の地域プロジェクト、約26万5千人が参加）で様々な取組みが行われた。2009年12月には最終評価報告書がとりまとめられ、関係機関の連携の改善だけでなく、参加者の生活の質の向上、入院減少等の経費節減等において効果があったと総括されている（Windle K. et al., 2010）。

[リエイブルメント事業]

　POPP事業が比較的元気な高齢者に対する一次予防事業だとすれば、リエイブルメント事業は一般的にはよりリスクの高い高齢者が要援護状態になることを予防する二次ないし三次予防事業である。具体的には、病院からの退院後あるいは大きな病気や怪我をした後の高齢者を在宅訪問し、調理、洗濯、衣類着脱等をもう一度自分でできるようになるよう、短期集中的な支援を行う事業である（その期間は多くの場合6週間強で、自己負担はない）。支援対象を狭く限定しない自治体もある。在宅ケア・サービス同様に、通常は一般のケアワーカーが担当し、必要に応じてOTやPTの協力をえる。ただ、一般的なホームケアでは食事準備等はケアワーカーにやってもらうが、リエイブルメント事業におけるケアワーカーは高齢者が自分で実施できるように支援するのが役割である。このため、高齢者とケアワーカーは共同で自立の回復に向けた目標を定め、支援の終了までに高齢者が変化していくことを求めていく。

　自治体は、厳しい予算制約の中で成人社会ケアの認定基準を次第に限定化するなど、在宅ケア・サービス利用者の重度化シフトを進めてきた。さらに今後も予算圧力が強まり、併せて人口の高齢化が進む状況の中で、特に注目されている事業の一つが、公的サービスを利用する前段階で必要な介入を行って高齢者の自立を図るための新しい手法であるリエイブルメント事業であり、既に多くの自治体で実施されている（DH, 2007a）。保健省では医療と福祉の連携を図るための予算を2010年度のNHS予算に追加し、その一部でリエイブルメント事業を推奨する（HM Government, 2012）とともにその後も予算を追加投入し、さらに白書『将来のためのケア：ケア・支援の改革』（DH, 2012c）でもリエイブルメント事業のために2014年度までに10億ポンドの予算増加を行ったことを強調している。

　ただ、病院と地域の結節点として、病院からの早期円滑な退院や不必要な入院の減少を意識した取組みという点ではかねてから推進されている中間ケアと重なる部分も多く、中間ケアの延長線上にあるという説明もしばしば行われている。このためリエイブルメント事業と中間ケアの異同が明確でない

という批判もある。この点に関し、パーカーは、中間ケアが急性期ケア病床への入院の回避や早期退院への取組みであるのに対し、リエイブルメントの目的は無計画な入院の長期的な回避、ホームケアの利用抑制、施設入所の回避であり、また、リエイブルメント事業は6週間強という期間限定（短期集中）で、生活能力の自立を取り戻していくことに重点を置いている点に特徴があると、両者を対比している（図表4-9参照）。

図表4-9　リエイブルメント事業と中間ケアの対比

目　的	期間限定か	セルフケアの回復か	中間ケア又はリエイブルメント
救急医療必要時点での救急入院の回避	○	通常はなし	中間ケア
救急入院後の早期退院支援	○	時　々	回復的要素を含む場合はリエイブルメント（それ以外の場合は中間ケア）
計画外の入院の長期的な回避	○	○	リエイブルメント
ホームケアサービスの減少	○	○	リエイブルメント
長期ケア施設入所の回避	○	○	リエイブルメント

（出所）Parker G. 2014, Table 1に基づき筆者作成。

　このように従来の類似事業との違いが明確でないことの一因は、各自治体が地域の実態に応じて様々な形態で実施していることにもある。事業実施の担い手は、自治体、NHSあるいは両者協働のこともあり、民間事業者に委託されている地域もある。利用対象者の範囲や受付けの場面も、入退院の前後の段階に限定した事業もあれば、自治体のケアを受ける前段階に位置づけている方式もある。後者では、自治体のケアを受けることを希望する場合にはまずリエイブルメント事業を利用することを求められ、その期間内に生活能力の自立回復が困難な場合にはじめて従来からの成人社会ケア・サービスを利用することができるという、いわばゲートキーパー的な性格が強い。事業の端緒は1990年代後半であるが現在では8割以上の自治体が何らかのリエイブルメント事業を実施しており（DH, 2007a, Office for Public Management, 2010）、従来方式の在宅ケア・サービスの利用者と比べてケア・支援サービ

スの必要度が相当減少したなどの成果が報告されるなど、その成果や効果に関する実践・研究が蓄積されつつある（Francis K.et al., 2011）。

(2) 中間ケア

英国では病院や施設から地域へという掛け声にもかかわらず、必ずしもそれが順調に進展したわけではなく、1990年代には入院待機問題（長期化）が大きな社会・政治問題となった。そのことは監査委員会でも指摘され（Audit Commission, 2000）、これを受けて全国病院調査で中間ケア（Intermediate Care）が認識概念として登場したと、ペッチは指摘している（Petch A., 2003）。このように、中間ケアは、どちらかといえば地域における退院の受け皿作りという保健医療サービス側からの要請により登場した新しい取組みであるが、在宅生活支援の一環としてとりあげておきたい。

中間ケアを政策として打ち出したのは、労働党政権の基本的な医療政策文書である「NHSプラン」（DH, 2000a, p.20）である。「病院と家との間に橋をかける」方策として位置づけ、さらに全国高齢者サービスフレームワーク（DH 2001, pp.41-50）において具体的な整備量と予算の裏づけを行った。中間ケアとは、当初の保健省のガイドラインによれば、「不必要な長期入院、不適切な急性期病院への入院や長期ケア施設等への入所に直面している者を対象とし、総合的なアセスメントの下に回復のための体系的なケアプランが策定され、可能なかぎり自立を図り在宅での生活を取り戻すことが計画され、通常6週間以内の期限付きとし、統一したアセスメント、記録、プロトコールにより関係職種が協働する」というもので、対象者の年齢は18歳以上と幅広くとらえられているが、高齢者に重点が置かれていることはいうまでもない。具体的には図表4-9のようにいくつかのモデルが示された。

とはいえ、中間ケアは機能に着目した概念であるため地域により態様が様々となり、ねらいどおりの成果があがっているのか混乱もみられた。そこで、その後の展開を踏まえた留意点と参考取組みの事例をまとめた「中間ケア：さらなる前進」（DH, 2007b）が発表されるとともに、一番最近の保健省ガイダンスでは「病気からのより早い回復を推進し、急性期病院への不必要

な入院と長期ケア施設への早すぎる（premature）入所を防止し、病院からのタイムリーな退院を支援し、自立した生活を最大限可能にすることを目的とする一連の連携した事業」であると定義している（DH, 2009c, p.3）。既述のリエイブルメント事業の登場により、概念のあいまいさがあらためて指摘されてはいるが、病院からの早期退院と不必要な入院の回避を目的としている点は一貫している。

図表4-9　中間ケアの代表的モデル

○**迅速対応モデル（rapid response）**
回避可能な急性期入院を防ぐために、総合医（GP）等からの紹介に基づきアセスメントや診断を迅速に行い、在宅での短期集中的なケアにつなげる
○**在宅病院ケアモデル（hospital at home）**
一次医療の範囲を超えるが必ずしも急性期入院を必要としない患者に必要な診断、治療等を行い在宅で集中的に支援する
○**施設リハビリモデル（residential rehabilitation）**
医療的には安定しているが在宅に戻るための身体機能や自信を回復するために短期のリハビリを必要とする高齢者に対し、地域病院、リハビリセンター、ナーシングホーム、ケアホーム等の施設でセラピーや機能回復を行う
○**退院支援モデル（supported discharge）**
急性期病院から早期に退院し在宅でのリハビリテーション、回復を全うするため、一連の在宅サービスにより在宅で看護や治療的支援を短期間受ける
○**通所リハビリモデル（day rehabilitation）**
デイホスピタルやデイセンターでの短期の治療的支援

（出所）DH, Intermediate Care, Health Service Circular, Local Authority Circular, January 2001 HSC 2001/01 : LAC (2001)1 Issue Date: 19 January 2001 Review Date: 01 April 2004.（http://webarchive.nationalarchives.gov.uk/+/www.dh.gov.uk/assetRoot/04/01/26/80/04012680.pdf, 2015/10/20）に基づき筆者作成。

4　住まいへの対策

　ケアが必要になっても住み慣れた地域で引続き暮らしていくためには、高齢者の住宅に着目した対策が必要であることはいうまでもなく、以前から高齢期の住まいを支援する様々な対策も進められてきた。しかし、その整備は

必ずしも体系的ではなく、高齢者向けの住宅タイプにも明確な定義はないが、代表的なのは、シェルタードハウジング（sheltered housing）と最近増加しているケア付住宅（extra care housing）である。

シェルタードハウジングは非常通報装置等が設置された居室に加えて共用スペースがあり、何かと相談支援にのってくれる管理人が配置（常駐又は巡回）されているという安心感があり、ケアが必要な場合は通常は外部の事業者に依頼するというタイプの住宅である。その歩みは古く、1950年代から入居者の高齢化に伴って役割を変化させ、従来は物理的構造がやや着目されていたが、最近では次第に支援サービスが着目されてきつつある。供給主体の多くは、住宅協会（Housing Association）等の公的部門である。シェルタードハウジングと機能はほぼ同じで、比較的高級な private retirement と呼ばれている高齢者住宅もある。一様でないシェルタードハウジングであるが、最近の調査では、全国に約 15,000 カ所あり、約 48 万人が暮らしていると推計されている（Pannell J. & Blood I., 2012）。

これに対してケア付住宅も態様は様々であるが、より虚弱で自立が困難な高齢者のための住まいで、そこに配置されているスタッフによりケアを受けられる特別の住宅である。しかし、ケアホームではなく、自己所有又は賃貸によりあくまでも自分の居室を持ち居住権を持つ住宅である。高齢化に伴ってケアホームに代わる選択肢として次第にポピュラーになり、増加しつつある（推計約 42,696 住宅）。[24]

一方、住宅政策自体においても、人口の高齢化を視野に入れた住宅と地域づくりという観点から、労働党政権時代の 2008 年 2 月には「生涯の住宅・生涯の近隣」（Lifetime Homes, Lifetime Neighbourhood）と題する高齢化社会に向けた住宅戦略がコミュニティ地方政府省（Department for Communities and Local Government）、保健省、雇用年金省の 3 省庁共同で発表された。高齢になり、また障害があっても同じ住宅に住み続けられるように建築構造面で配慮され（住宅入口へのアプローチのレベル、車椅子の出入り可能な玄関等を含む 16 の基準が定められている）、また、買い物、公共サービス等へのアクセス等が確保された住宅を整備していこうという構想であり、すべての公共の住宅は 2011

年までに生涯住宅の基準への合致を義務化すること、また、すべての新しい一般住宅も 2013 年までには同基準を満たすことを目指すことが打ち出された（DCLG, DH & DWP, 2008）。その実施は、各地域や事業者に委ねられているため体系的な取組みにまではなっていないが、近年は、住宅、健康、ケアを一体的にとらえていこうという動きもある。なお、2011 年 11 月には連立政権の住宅戦略が打ち出され、目標値を掲げてトップダウンで集権的に推し進める方式から決別するとして個人、地域、市場に軸足を移し、生涯住宅についても全国的に統制する意思はないことを明確にしている（HM Government, 2011）。もっとも、住宅改修等のための事業や補助金は継続して実施することとされている。

第5章　施設でのケア

「施設から在宅へ」とはいえ、在宅での生活を続けることが困難になった高齢者はケアホームと呼ばれる施設に入所する。ケアホームは、英国人にとって決して積極的に評価されているわけではないが、高齢者にとってはいわば「終の棲家」であるので、そこで質の高いケアを安心して受けられることが重要なポイントである。しかし、頼りになるはずのケアホームにおいて大手事業者の倒産、入所者の不審事故など、いくつも大きな問題が噴出し、国民の不安、不満が高まっている。

ケアホームでは、入所者の高齢化に伴う医療ニーズの増大や認知症への対応に懸念があることも課題として指摘されている。ともすればネガティブな議論に巻き込まれがちなケアホームであるが、最近は、住まいや生活に着目し新しい役割やイメージアップを目指した施設ケアの在り方の模索も始まっている。なお、入所に伴うケア費用の負担問題については、第9章であらためてとりあげる。

1　施設ケアの概況

(1) ケアホームの体系

ケア・支援を必要とし自宅で生活することが困難になった高齢者が入所する施設は、ケアホームと総称される。大別して、入所者の生活面のケア

（パーソナル・ケア）を行うレジデンシャル・ケアホーム（residential care home、いわゆる老人ホーム）と看護ニーズを有する高齢者が入所するナーシング・ケアホーム（care home with nursing、通称、ナーシングホーム）の2種類がある。[25] 常勤の看護師配置が求められているわが国の高齢者施設と異なり、レジデンシャル・ケアホームにはそもそも看護師が配置されておらず、看護ケアが必要となる入所者に対してはNHSの中で働いている地域看護師が必要に応じて訪問する。ナーシングホームには、看護師の24時間配置が義務付けられているものの、入所者のケアに従事する職員のほとんどはケア職員である。また、どちらのケアホームにも医師の配置は求められておらず、入所者に医療ケアが必要な場面では地域の開業かかりつけ医である総合医（GP）が対応する。このように、入所者に必要な保健医療サービスは、基本的には地域のNHSの保健医療専門職が施設と連携して行う方式（いわゆる外付け方式）となっている。どちらのケアホームも、日本の高齢者施設に比べてより生活の場として位置づけられているといえよう。

　高齢者に対する施設ケアの必要性の判断やレジデンシャル・ケアホームとナーシングホームのどちらに入所すべきかは、自治体が判断する（わが国では利用者の判断）。ただ、持ち家を保有している者の多くは全額自己負担となるので、自治体を介さず私費契約で利用する場合が多く、不動産の価格上昇等により近年その数が増加している。自治体の認定に基づいて入所する場合であっても、自治体が契約している施設に入所する義務はなく、自治体が認定したニーズに相応するところであれば希望する施設を選択できる（自治体区域を越えることも可能）。さらに、自治体の標準料金を超える施設であっても、第三者（通常は家族・親戚）が追加料金（top-ups）を払うことを了解すれば、入所することができる。

　英国のケアホーム市場は自由参入であり、設置・経営の主体は、法令の定める基準を遵守している限り特に制約はない。わが国のように、自治体又は一定の非営利事業者に限定されているわけではない。入所者のほとんどが私費契約利用者で豪華なケアホーム（いわゆる優良老人ホーム）もあれば、自治体の認定に基づく入所者が多く混在している施設もある。公私、営利・非営

利を問わずすべてのケアホームは、ケアの質委員会への登録が義務付けられ、その職員・施設に関しては法令やガイダンス等により基準が定められている（第6章2（1）参照）。

(2) ケアホームの概況

　民活路線によって拡大したケアホーム業界は1990年代半ばにピークに達したが、その後は約10年にわたり減少を続けて在宅ケアへのシフトが進んだ。ケアホームでは、料金の引上げや収益性の向上等の取組みが行われるとともに施設の閉鎖や統合が進み、施設数が毎年多数減少した。ようやく近年になって一段落の様子が見られるものの、自治体を取り巻く財政事情が厳しいため、経営環境の悪化が続いている。

　ケアの質委員会に登録している高齢者、障害者等を合わせたケアホームの全体数は、2010年3月末時点で18,255施設、定員数は459,448人である。ケアホームのうち高齢者向けは10,331施設、定員数は376,250人である。気候温暖な南部に多く、ロンドンでは人口比で全国で最も少ない。定員数の約8割は、民間営利事業者経営のケアホームである（CQC, 2010）。ケアホームの経営主体は、かつては自治体直営という傾向が強かったが、2010年3月末では営利事業者とボランタリー部門が、レジデンシャル・ケアホームの68.7%と7.4%、ナーシングホームの88.0%と10.3%を占め、ほとんどは民間経営である。業界はcottage industryといわれてきたように大部分は小規模で、1施設当たりの定員は、レジデンシャル・ケアホーム18.5人、ナーシングホームは46.6人である（CQC, 2010）。ただ、買収等による統廃合を経て大手4社が約20%（2010年時点）の施設を経営している二重構造となっている（NAO, 2011）。労働集約型産業だけに、職員数は約63.5万人と少なくない（Skill for Care, 2014）。

　入所料金に関しては、統一的な公定価格はなく、自治体の契約した施設であれ私費契約の場合であれ、市場価格である。ただ、自治体が契約する場合の料金の協議は自治体ペースとなることが通常であり施設側の価格交渉力は弱いため、そのことがケアホームの経営や職員の労働条件に様々な影響を与

え課題となっている。

2　ケアホーム入所者の状況

　ケア・サービスにおいて在宅ケアへのシフトが進行していることから、ケアホームの入所者は次第に高齢化している。入所者のうち85歳以上の者は、56.5%（2001年）から59.2%（2011年）へと増加している。性別では、女性が7割以上を占める。[26] ケアホームに入所期間制限はなく、施設ケアを必要とする限り原則として転退所の必要はないが、入所期間は短く、平均的には入所後1～3年で死亡退所するので、いわば「終の棲家」である（Forder J.& Fernandez J-L., 2011）。

　入所までの在宅ケアの長期間化や人口高齢化、あるいは病院の退院促進という政策的要請の結果として、ケアホームにはケアを要する度合いのより重い入所者が次第に増えつつある。ケアホーム入所者のニーズの重度化や複雑化については、英国老年医学会の報告書（BGS, 2011）が要約して紹介しているように、様々な報告書が概ね同様の指摘を行っている。古くは、入所者の4分の3には何らかの重い障害があり、半数強が身辺自立のための支援の必要性を抱えていることが報告されていた（Office of Fair Trading, 2005）。大手非営利事業者 British United Provident Association（BUPA）が経営するケアホームの入所者の調査（2003年）では、少なくとも1種類以上の認知機能の障害（入所者の78%）、排泄障害（同71%）、混乱・わすれっぽさ（同64%）等も報告され（Help the Aged, 2007, pp.96-97）、その後同じBUPA経営の2009年の入所者についても、その4分の3が神経系の障害を有し44%が認知症であると報告されている（Lievesley N., et al., 2011）。さらに、監査監督機関の調査によれば、入所者の4割以上は認知症に伴うケア・ニーズを有し、84%以上のケアホームでは少なくとも1人以上の認知症の入所者がいると報告されている（CSCI, 2009）。

3 入所者に対する保健医療ケア

　このようなケアホーム入所者のケア・ニーズの重度化が進むにつれ、特に近年憂慮されているのは保健医療ケアへの対応である。もともとレジデンシャル・ケアホームではケア職員主体でのケアが行われ、保健医療ケアについては地域の NHS によるサービスでカバーするという役割分担になっており、地域看護師は業務の一部をケアホームへの訪問にあてているとはいえ、態勢がしっかりしているとはいいがたい。ナーシングホームでは配置された看護師による看護ケアが行われるものの、診療が必要な場合は、一般地域住民と同様に各自のかかりつけ医（GP）の診療所に出向き又はその訪問を受けるのが基本である。わが国の介護保険施設のように施設に専属医師が配置されていることは稀である。かかりつけ医は、多くの場合、NHS との間で締結した一般医療サービス契約（General Medical Services Contract）に基づいて診療を行うが、報酬は十分とはいえず診療のために訪問する負担も少なくないので医師の裁量、善意に委ねられている。実際のところ、すべての医師が喜んでその責務を果たしているとはいえず興味や専門性も十分ではなく、診療のためにケアホームを訪問するのは、年間数回程度にすぎない。医師にとってケアホームは診療所のような診療体制が整っていないという課題があり、ケアホームにとっては常駐していない医師とのコミュニケーションや信頼関係を築くのに限界があり、多数のかかりつけ医との連携は難しいという問題もある（BGS, 2011）。保健省も、このようなケアホームの実態を踏まえ、投薬エラー等には注意を喚起している。[27]

　入所者の医療ニーズが高まっているにもかかわらずケアホームでの保健医療ケアの態勢が弱いことについては、先行研究でかねてから指摘されていた（Szczepura A.et al., 2008）。さらに、近年、ケアホーム入所者には充足されていない保健医療ニーズがある、地域で暮らしている一般住民と比べて保健医療サービスへのアクセス、利用にバラツキがあり、しばしば劣悪であるなど、ケアホーム入所者の保健医療ケアの現状について英国老年医学会（British Geriatrics Society）だけでなくケアの質委員会、看護協会等の公的機関

や専門職団体が懸念を相い次いで表明している。[28] また、NHS 予算の制約という近年の財政緊縮環境の中ではあるが緊急に改善を求めるべし、という論調も強い（Royal College of Nursing, 2010）。

　これに対し、支援体制を工夫しケアホームと地域の保健医療サービスが連携していて取り組んでいる地域もなくはない（Thompsell A., 2011）。例えば、かかりつけ医については、原則として入所者全員を地域の特定のかかりつけ医に切り替えるという方式がある。さらに、一般医療サービス契約だけではかかりつけ医から十分な医療ケアを期待することには限界があるため、別途の嘱託手数料（Retainer Fee）を支払って保健医療サービスの態勢を整備しているケアホームも相当数ある。しかし、ケアホーム業界は、事業者が追加費用を支払わなければならないという経済的負担に加え、そもそも国民が平等に原則無料で NHS を利用できるという大前提に反しているとして異議を唱え、改善を求めている（Patterson M., 2010）[29]

　また、重度化・複雑化する入所者の看護ニーズに対処するためには地域看護師だけでは限界があることから、ケアホームへの定期的な出前クリニックの実施、ケアホーム担当の地域看護師の編成、さらに地域看護師等による特別のケアホーム支援チーム（Care Home Support Team）を設置し、ケアホームのケア職員のスキルアップを図りながら訪問指導を補強している取組みもみられる。[30] その一つであるバース・サマーセット地域（Bath and North Somerset）でのケアホーム支援チームの活動では、地域看護師の指導の下にケアホームのケア職員が基礎的な医療的ケアを実践し、スツェプラらは、その取組みが病院への入院費用等を節減させたことを分析して報告するとともに、スキルアップしたケア職員の新しい役割を提言している（Szczepura A.et al., 2008）。以上のような取組みに加え、さらに NHS の地域保健当局（Primary Care Trust）が、特別予算事業として、かかりつけ医、看護師等による支援チーム体制を組み、ケアホームの保健医療体制を支援し、不必要な入院の予防、退院促進等を図っている地域もある。例えば、ロンドン南東部のランベス（Lambeth）地域他をカバーするケアホーム支援チームでは、もともと看護師が配置されているナーシングホームも含めて訪問指導等を行っている。[31]

また、ケアホームからの入院患者の多さへの対策として、地域総合病院の老年内科が核となり、地域のケアホームとかかりつけ医等が協力して成果をあげているレスター市（Leicester）のような取組みも行われている。[32]

　ただ、このような地域保健医療事業との連携は、地域保健当局と個々のケアホームやかかりつけ医との努力に委ねられているため地域差があり、支援に必要な態勢が十分とはいいがたい。トムセルも、ケアホーム支援チームの活動は財政削減の影響を受けやすく、めったに5年以上活動が継続しないと指摘している（Thompsell A., 2011）。いずれにせよ、入所者が十分な保健医療ケアを受けられていないという関係者の声を踏まえ、ケアの質委員会がその実態調査を実施したので、今後のケアホームに対する監査監督においては入所者に対する保健医療ケアの態勢が一つの重要なポイントになるであろう。

4　ケアホームの経営・運営不安への対処

　在宅ケアへのシフトが進んでいるとはいえ、ケアホームは「終の棲家」として大きな役割を果たしている。しかし、そのケアホーム業界を揺るがす大きな不祥事が近年相次いで発生し、波紋を投げかけている。第1はケアホームの経営に対する不安である。個々のケアホーム事業者に対するモニター（指導、監督等）のようなローカルな行政は自治体の責任で行うべしというのが中央政府のスタンスであるが、752カ所（入所者約31,000人）のケアホームを経営していた業界最大手のサザンクロス社（Southern Cross Healthcare PLC）が2011年に経営破綻し（同年6月11日に同社のロンドン株式市場での取引停止）、悠長に構えていられない事態になったからである。サザンクロス社の場合は、保有資産を売却しては借り受けるという方式（Sales and Leaseback Arrangements）による事業拡張の資金繰りが金融危機により行き詰まり、資金不足がケア・サービスの低下を招いて充足率を引き下げるという悪循環に陥ったという固有の事情もあったが、民間営利事業者が7割以上を占め、次第に寡占状態になりつつあるケアホーム業界に対する産業指導行政のあり方に見直しを迫る事件であった。幸い、同社の入所者は他の事業者運営のケア

ホームに引き継がれたものの、この事件を契機にケアホームの経営状態に対する不安が一気に高まり、大手数社の経営困難も報道され、下院でも審議の対象となった。[33]

　新規参入と退出がある程度あることは健全な市場の証でもあり、ケアホーム事業における淘汰現象も一概に懸念すべきことばかりではない。ケアホーム業界は、cottage industryと呼ばれる中小企業的体質を抱えつつも、合併等を通じた業界再編成により一定の収益性を維持しつつ、ケア市場の縮小する時代を乗り切ってきた。しかし、その先頭を走っていた大手事業者の経営困難は、自治体の財政に大きく依存するケアホーム業界全体の脆弱性を露呈しているともいえる。というのも、ケアホーム入所者の多くはたしかに私費契約であるが、地域により41%〜66%とバラツキがあり（HC Committee of Public Accounts, 2011）、ケアホーム事業者の経営は最大の購入者である自治体が買い上げる定員に相当依存せざるをえない構造となっているからである。自治体が価格交渉上優位に立ち、しかも、財政ひっぱく下にある自治体が料金の抑制を求めるので、ケアホームの経営環境は一層厳しさを増している。経営が成り立たずケアホームが退出すれば自治体も困るので自ずから相応の料金に落ち着いてもおかしくないが、両者は対等の関係とはいいがたく、歳出削減を迫られている自治体にも財政的余裕はないのが実態である。さらに、看護ケアを要する入所者に対するNHSからの財政補助も近年抑制気味である。

　抑制された料金でも事業者が生産性を高めることによって対応可能であればともかく、労働集約的な産業ゆえに事業努力にも限界がある。採算割れするような自治体の価格要求については、早くから業界も不当性を指摘してきた。[34] 料金改定が物価上昇等を下回り、その影響が職員の労働条件、人的・物的態勢、研修等にも及ぶと、入所者に対するケア水準の維持も困難になる（人材確保難等については第6章参照）。このため、「終の棲家」という施設ケア固有の役割に着目した本格的な産業政策が求められつつある。そこで連立政権は、ケア市場の適切な形成、事業継続困難の早期把握、不測事態における緊急対応等の一連の市場監視体制（market oversight）について追加的な法令整

備を行うこととし、おりから全面的見直しを行っていたケア・支援法草案に追加して盛り込み、2015年4月から実施することとした。[35] 一つには、利用者に多様な事業者、質の高いサービスを保障できるよう効率的・効果的な市場を形成していくことを自治体の責務として明確にするとともに、事業の持続可能性、ケア従事者養成ほか様々な自治体の配慮事項を定め（同法5条）、また、ガイドラインにおいて、自治体からの委託契約が利用者の福祉や事業者の経営にネガティブな影響（短時間訪問等）を与えないようにということも示した。そしてもう一つは、ケア事業者が経営難（business failure）に陥りサービス提供が困難になった場合は、自治体がニーズ認定した者、私費契約利用者ともに、新たな事業者が引き受けるまでケアの継続が確保できるよう自治体が様々な方法で一時的に利用者のニーズに対応しなければならないことを明確にした（同法48条）。と同時に、個別の自治体では広域に事業展開しているケア事業者の経営状況を把握することに限界があり、そのような大手事業者が倒産した場合の影響は一部地域にとどまらないため、その規模、集中度、事業区分等の観点から簡単に代替できないような事業者については必要な情報を事業者から入手して経営状況の持続可能性等の監視や指導を行う役割をケアの質委員会に付与し、自治体と必要な情報を共有することとした。

　ケアホーム業界が求められている第2の課題は、運営に対する不安を払拭する透明性（openness and transparency）の確保あるいはガバナンスの整備である。ケアホームは「終の棲家」として貴重な役割を果たしているにもかかわらず、英国ではネガティブなイメージがとかくつきまとっている。大多数のケアホームとその職員は入所者のために真摯にケアを行っているにもかかわらず、残念ながらマスコミは劣悪なケアホームの事例を大げさに報道するきらいがある。そのことには業界も不満を表明しているが、安心・安全を期待する報道・世論の目はシビアであり、特に2009年頃からマスコミはケアホームの劣悪なケアの状況を相い次いで報道した。おりから病院関係では、スタッフォード病院の救急治療での不適切なケアにより長年にわたり死亡患者が多発していたことが明るみになり、閉鎖的な病院運営のあり方が厳

しく糾弾されていた。また、2011年5月末にはBBCの特別報道番組『パノラマ』が、私立ウィンターボーン病院での患者（知的障害者）に対する不適切なケアを報じ、やはり閉鎖的風土の蔓延等が指摘された（詳細は、第6章1(2)参照）。

さらに、病院にとどまらず施設ケアにも世論の非難の目が向けられた。この時期に不安、不信感をかきたてたケアホームの一つが、他でもないサザンクロス社が当時経営していた知的障害者施設 Orchid View であった。同施設で多数の入所者が死亡していたことが2011年暮れに問題化し、検証を行った委員会はその死亡は説明不能であり、ケアの放置があったと認定し非難した（Georgiou N., 2014）。

病院やケアホームにおける一連の不祥事で特に問題とされたのは、ケアの劣悪さだけでなく、それを職員や組織が受け止め、対策を講じていくという事業者内部のガバナンス体制の欠如であった。そこで導入されることとなったのが、市場監視体制と並ぶ事業者に対する誠実基準（Duty of Candour）である。誠実基準とは、具体的には、ケア・サービスの提供において予期しない、あるいは意図していなかった不都合な事態が発生した時にも、その事実を利用者に伝え、誠実で透明な運営が行われるよう運営体制を整備することを事業者に求めるものである。

5　よりよい施設ケアのための取組み

いうまでもなく、健全な運営を困難にするような制度的、構造的な問題に手を拱いたまま不適切な運営を糾弾するのは公平ではないが、ケアホームを取り巻く不安や不信を払拭し国民の信頼を回復するためには、やはり質のよいケアを提供していくことが王道であろう。かつてのケアの質委員会の手法には課題もあったものの、それでもその監査監督や第三者評価事業により、最低基準の遵守状況や質評価の結果は年々改善を見せていた（第6章2参照）。連立政権は2010年にその評価事業を廃止してしまったが、利用者や自治体が事業者を客観的に比較評価する何らかの第三者評価データは必要とい

う要請はあったため検討が続けられ、紆余曲折を経てディクソン（Dixon J.）を委員長とする委員会の報告書（Dixon J. et al., 2013、通称ディクソン報告）に基づき、教育・児童ケア分野で実施されている評価事業に類似した新システムがあらためて導入される見通しである（第6章2（3）参照）。

　利用者の選択に資するためには、さらにケアホーム事業者自らの様々な取組みも重要であろう。例えば、第三者評価の分野では、公的な機関だけでなく、ケアホーム業界の大手事業者が Ipsos MORI に委託して実施している「Your care rating」という利用者満足度の公表活動を行っている例がある。この取組みは参加しているケアホーム事業者の入所者が郵送方式によりアンケートに回答するもので、スタッフ・ケア、ホームの快適性、選択・発言の機会、生活の質の4項目とその全体が各々1000点満点で評価され公表されるというものである。[36] また、最近の認識として次第に高まっているのは、ケアホームをケア・支援を受ける高齢者等のための入所施設としてだけでなく、高齢者等が暮らすための住まいとして積極的にとらえていこうという動きである。既に研究活動ベースでは、My Home Life というプロジェクトが National Care Forum の主導により、マイヤー（Meyer J.）教授らが中心となって2006年から始まっており、同プロジェクトが進めているケアホームの地域開放を支援する予定であることを保健省の白書も述べている（DH, 2012c, p.24）。ケアの質への関心の高まりとともに近年ようやく入所者の生活を重視していこうとする機運も高まっており、このような研究プロジェクトの取組みと呼応するように、有識者の間でもケアホームに対するネガティブなイメージを払拭し、ケアホームを住まいの一環として位置づけていこうという動きが出てきている。例えば、連立政権時代の元保健担当大臣のバーストウが委員長を務めた施設ケアに関する民間の検討会では、ケアホームは決して最後の手段ではなく、地域に開かれ、そこで「生活し、死を迎え、あるいは訪問し働く」（live, die, visit and work）素晴らしい「ケア付きの住宅」（housing with care）として位置づけ提言を行っている（Burstow P., 2014）。ケアホームといわゆる高齢者住宅が今後どのように接近していくのか、大変興味深い。

第Ⅱ部　高齢者ケアの向上を目指す政策

第6章 ケア・サービスの質の向上

　ケア・サービスの質の向上は、利用者中心主義とならび、労働党政権時代以降、英国の社会ケアの分野における最も重要な政策の一つである。その目標の実現に向けて、ケア・サービス事業者には法令に基づいて一定の事項の遵守が求められ、これを独立の専門行政機関が監査等を行い、あるいはガイドラインで誘導するという形で担保している。ケア従事者の資の確保・向上が重要であることはいうまでもなく、ソーシャルワーカーの登録、その他ケア従事者に対する研修、訓練等が実施されている。さらに、事業者に対しては、基準遵守だけでなくケアの質の向上が図られるようパフォーマンス評価が始まり、連立政権は一旦それを中断していたが、近く再開される動きである。

　様々な取組みの結果、ケア・サービスの質は次第に改善傾向にある。しかし、自治体の厳しい財政状態の影響は既に事業量の圧縮、単価の引下げ等の形で表れ始めていることから、今後のケア・サービスの質の行方が懸念される。

1　ケアの質の向上対策の歩み

(1) 労働党政権の取組み

　ケア・サービスの質の確保・向上については、「行政サービスの近代化」を内政上の一大課題に設定した労働党政権によって、大きく対策が展開し

た。まず労働党政権が着手したのは NHS からで、総選挙後の 1997 年 12 月の白書『新しい NHS』（DH, 1997）で保健医療サービスの質と効率を確保する方針が打ち出され、そのパフォーマンス評価が 1999 年から始まった。[37] 引き続き社会ケア・サービス分野でも 1998 年 11 月に白書『社会サービスの近代化』（DH, 1998a）が発表され、成人ケア・サービスの見直しの重点的な方向として自立の推進、サービスの一貫性、利用者中心をあげるとともに、提供されるサービスの質の向上を図るため、ケア・サービスの基準策定と監査監督体制の整備、ケア従事者の研修強化、達成目標の作成と自治体のパフォーマンス評価等が打ち出された。さらに、2000 年 9 月にはもっぱらケア・サービスの質の向上を目指した『社会ケアの質戦略』（DH, 2000b）が発表された。

　これら一連の基本方針に基づき、第 1 に、ケア・サービス事業者に関しては、独立の監査監督機関を保健省の管轄下に設立し、施設ケア、在宅ケアを問わず一元的に監査等が行われることとなった。それまでもレジデンシャル・ケアホームに対する監査等は、1984 年登録ホーム法（Registered Homes Act 1984）に基づいて実施されていたが、統一した基準が定められておらず、監査監督機関もレジデンシャル・ケアホームは自治体、ナーシングホームは保健省 NHS 部門というように二元体制であった。それに伴う課題は認識され、ケアホームでの劣悪な処遇等の問題も指摘されていたが、保守党政権下では有効な対策がとられなかった（Baggott R., 2004, pp.291-293）。また、在宅ケアについてはそもそも登録や監査の体制が整備されていなかった。そこで、2000 年ケア基準法（Care Standards Act 2000）が制定され、保健省がケア・サービスの基準を策定するとともに、独立の監査監督機関、全国ケア基準委員会（National Care Standards Commission、現在のケアの質委員会の前身）が新設された。日本では各自治体がケア・サービスの監査等を行っているのに対し、これにより、全国のケア・サービスの監査等を一元的に行う体制が構築された。さらに、監査監督機関は、ケア・サービス事業者が単に法令の定める基準を遵守しているだけでなく、ケアの質の向上が図られるよう、2008 年からは質の評価事業（quality ratings system）、パフォーマンス評価を始めた。当

図表 6-1　ケアの質の向上を目指す枠組み（労働党政権当初の構想）

```
全国ケア基準委員会          最適社会ケア研究所
（全国最低基準）            （情報提供、
                           ガイドライン）
                                              社会ケア総合評議会
                                              （職業倫理基準・
                                               ソーシャルワーカー
                                               養成に関する指導）
                ケア従事者
社会サービス監査部局    （ケアサービスや利用者
（評価、監査、レビュー）  に対する成果向上）
                                              福祉サービス研修
                                              訓練団体
                                              （業務基準）
                事業者
               （研修、養成）
```

（出所）DH, 2000b, Figure 1.

時の監査監督機関は社会ケア監査委員会（Commission for Social Care Inspection, CSCI）で、高齢者のケアホームであれば、施設の選択、日常生活・社会活動、保健医療・パーソナル・ケア、苦情対応・権利擁護、環境、職員、施設の管理の7項目、在宅ケア事業であれば利用者本位のサービス、パーソナル・ケア、権利擁護、管理者・スタッフ、事業の運営の4項目の達成状況の評価結果を、poor, adequate, good, excellent という4段階（星の数0～3）で示し公表するものであった。[38] 評価基準が官僚的で費用もかかるという批判も業界にあったが、評価を受ける事業所は拡大し、一定程度定着していった。

　第2は、ケア・サービスに関する行政を担う自治体に対する監査である。既に1985年には社会サービス監査部局（Social Service Inspectorate, SSI）という専門部局が保健省に設置されていたが、その社会サービス監査部局がケア・サービス事業者に対するパフォーマンス評価に先行して自治体のケア・サー

ビスの評価に着手し、その最初の結果を 2002 年には発表した。同年には監査委員会が自治体行政全体に対する行政評価を開始するが、ケア・サービスがいわばその先鞭を着けたのである。

第 3 に、ケア従事者の資質向上の観点から 社会ケア総合評議会（General Social Care Council）を新設し、ソーシャルワーカーの登録制を導入した。また、ケア・サービス実践のグッドプラクティスの収集や普及、研修等を行う非営利の専門機関として最適社会ケア研究所（Social Care Institute of Excellence）が、さらにケア・サービス業界主導でケア従事者の研修訓練等を行う全国組織として福祉サービス研修訓練団体（Training Organisation for the Personal Social Services、略称 TOPSS、その後ケア技能協議会、Skills for Care に改組）が設置された（図表 6-1 参照）。

（2）連立政権による取組み

連立政権も、ケア・サービスの質の重視という労働党政権の路線を継承した。しかし、保守党は、労働党政権が力を入れていたパフォーマンス評価活動は官僚主義的、主観的で効果をあげていないと野党時代から批判していた。連立政権の政策方針を示す最初の白書『成人社会ケアのビジョン』（DH, 2010b）でも、トップダウンのパフォーマンス管理は好ましくなく、各セクター主導の改善とととともに、より地域の声等を組み合わせていく必要がある、と述べている。また、労働党政権時代に監査監督機関の組織変更が頻繁に行われ現場を混乱させたことは、ケア事業者等からの評判も悪かった（図 6-2 参照）。[39] そこで、ケア・サービス事業者や自治体社会サービス事業に対するパフォーマンス評価活動は一旦廃止し、むしろ監査監督の中核を担うケアの質委員会自体の事業遂行の効率性やガバナンスにメスを入れ始めた。しかし、質の向上を推進する連立政権の方針とは裏腹に NHS の病院部門や成人社会ケア分野の施設等で様々な不祥事が相い次いだため、結局は、ケア・サービス事業者も含め、遵守すべき基準の拡張とケアの質委員会による監査等の体制建直しによる規制強化という路線を歩みつつある。ケア従事者の養成関係では、従来からの懸案であった一般ケア従事者へのケア免状（Care

図表 6-2　2000 年以降の保健・成人社会ケアの監査監督体制の推移

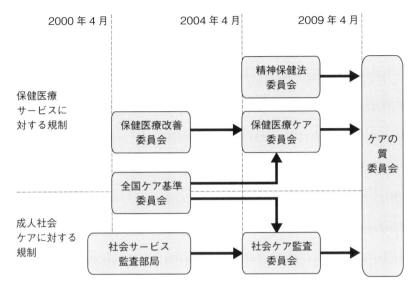

（出所）CQC, 2011b, Figure 2.

Certificate）導入に道筋をつけるところまでこぎつけた。

　ちなみに、特に連立政権時代にケアの質が大きな課題になったのは、病院での劣悪なケアが社会問題化したからである。特に当時最も大きな注目を集めたのは、住民の訴えを契機に明るみになった、英国南西部スタッフォード地方のスタッフォード病院の救急治療での不適切なケアによる長年にわたる死亡患者の多発であった。調査した保健医療ケア委員会（Healthcare Commission）は、2005～2008 年に 400 人以上が死亡したと推計するとともに、その報告書は低い職員のレベル、不十分なケア、機器の不足、リーダーシップの不足、貧しい研修訓練、非効率なシステムを指摘した（Healthcare Commission, 2009）。それでも真相解明には中途半端だとして世論はおさまらず、2009 年にはさらにフランシスを座長とする特別調査委員会が設置された。同病院での不祥事は、NHS の改革過程で起きた出来事であるが、2013 年 2 月の報告書（いわゆるフランシス報告）は、病院が業績を重視するあまり患者へのケアがおろそかになっていたことを指摘するとともに閉鎖的な病院

第 6 章　ケア・サービスの質の向上　　91

運営のあり方を厳しく糾弾し、290項目もの多数の勧告を行った（Francis R., 2013）。

　しかし、その後2011年5月末には、BBCの特別報道番組パノラマがブリストル市内の私立ウィンターボーン病院での患者（知的障害者）に対する不適切なケアを報じ、同病院は翌6月に閉鎖されたものの、検証作業の結果、身体的虐待の頻発、重要な警告サインの見落とし、閉鎖的風土の蔓延等が指摘された（DH, 2012c）。さらに、ケアホーム関連でも、倒産した全国規模の事業者（サザンクロス社）が経営していた知的障害者施設で死亡事件があったことは、既に紹介したとおりである（第5章4参照）。

　これらを受けて行った連立政権の対策は、まず第1に、ケア事業者に適用される事業登録規則の見直しである。事業登録規則は、2008年保健医療・社会ケア法が制定されケアの質委員会が設置された段階で既に大幅に改定されていたが、一連の不祥事で批判されていたケアの質委員会の監査等の基準の不明確さに応え、利用者が安全で良質なケア・治療を受けられることを担保するため、あらためて2014年事業登録規則（Health and Social Care Act 2008［Regulated Activities］Regulations 2014）が制定された。

　第2は、「誠実基準」（Duty of Candour）の導入である。「誠実基準」は、もともとは争訟手続きにおいて行政機関に課される義務であるが、医療過誤事案における被害者救済という観点から医療従事者にも課されるべきだという議論がかつてからあり、フランシス報告が勧告に盛り込んでいた。おりからケア関係法令の全面的見直しを行っていた連立政権は、2012年7月に提出していたケア・支援法案に2013年5月時点で「ケアの基準」という第2部を追加修正し、市場監視機能の強化と並んで事業者に対する「誠実基準」を導入し、2014年事業登録規則にも誠実義務を追加した（DH, 2013b）。

　第3は、廃止されていたパフォーマンス評価事業の復活である。既に構築されていたNHS ChoicesというNHSのウェブサイトに「事業者の質のプロフィール」（Provider Quality Profiles）を2013年4月から追加して事業者の質に関する評価情報の提供に着手したが、病院やケアホームの運営への懸念・不安の高まりに対して信頼回復を進めていくためには、事業者を客観的に

比較評価する何らかの中立的観点からの評価情報への要請が利用者や自治体から強かった。そこで、「教育・児童サービス・スキル基準局」（Office for Standards in Education, Children's Services and Skills、通称 Ofsted [40]）が実施しているような分かりやすく明快、簡素な新しい第三者評価方式をケアの質委員会が行うこととなった。

2　質の向上に向けての取組み

(1) ケア・サービス事業者による質の確保

　ケア・サービスの質の確保・向上は、行政の定めた基準をベースにしながらも、図表6-1のように、監査監督機関による監査等、専門能力を有するケア従事者の養成、研修訓練、グッドプラクティスの普及、さらには外部評価等もあいまって重層的に担保されるものであるが、まずはケア・サービス事業を運営している事業者による適切な取組みが大前提である。

　このため、まず、高齢者等にケア・サービスを提供する事業は2008年保健医療・社会ケア法が定める規制対象事業（regulated activities）とされ、ケア・サービス事業者は、公私を問わず、法令の定める基準を満たしたうえでケアの質委員会に登録を義務付けられている。具体的に事業者が遵守すべき事項は、2000年ケア基準法当時は保健大臣の定める規則と最低基準（national minimum standard）、現在は規則と実践規準（code of practice）であるが、基本的な構造に大きな変化はない。これらを踏まえ、ケアの質委員会も事業者向けにガイダンス、ハンドブック等を策定している。

　保健大臣が定める規則や基準は非常に広範囲に及んでいるが、スタッフォード病院事件等によって保健医療・社会ケアの事業に対する信頼が大きく揺らぎ、その反省として事業者に求める基準が必ずしも明確でなかったことが指摘されたため、利用者が安全で良質なケア・治療を受けられることを担保する2014年事業登録規則が制定された（2015年度から実施）。この新規則では13項目の基本的基準（fundamental standards）が設定され、具体的には、利用者中心のケア、尊厳・敬意、利用者同意、安全なケア・治療、虐待

や不適切な治療からの保護、栄養・水分への対応、施設・設備、苦情への対応、良好なガバナンス、職員配置、適切な人材、誠実義務、パフォーマン評価の掲示、と非常に幅が広い。特に重要な基準（利用者同意、ケアの質委員会への苦情対応報告等）を遵守しない場合には罰則が科される（但し、基準違反ゆえに直ちに登録が抹消されることにはならない）。ちなみに、誠実義務は、フランシス報告が中心的な勧告として提言したことから、あらためて登録基準に追加されたものである。

このように、事業者が遵守すべき事項は次第に詳細に定められてきているものの、その具体的内容は、数値・定量的基準というより定性基準という性格が強く、事業者が専門的観点から判断しケアの質の実施状況をモニターしているケアの質委員会を納得させることができればよい、というスタンスに立っている。したがって、例えば、ケア・サービスの質確保において重要な鍵を握るケア従事者の配置についても、その資格や配置すべき数値基準が具体的に定められているわけではない。利用者のニーズ等を満たし、基本的な基準を遵守するために必要な人数と各種スキル保有者の配置を求めているにとどまる（CQC, 2015）。なお、労働党政権時代には、例えばケアホームのケア従事者について、2005年までに少なくともその50%が全国職業資格（NVQ）のLevel 2[41]又は同等以上の資格を取得すること、新任職員は初任者研修を採用後6週間以内に、基礎研修を6カ月以内に受講するよう求めていたが（DH, 2006）、統制的手法を嫌う連立政権は数値目標を撤廃した。もっとも、白書『社会サービスの近代化』（DH, 1998）が発表された当時2割程度に過ぎなかったケアホームのケア従事者の資格取得に改善傾向がみられたことから、数値目標の廃止を疑問視する声もある（Audit Commission, 2011）。

いうまでもなく、質の向上に向けての取組みは事業者だけでは限界があり、業界全体の課題でもある。労働党政権時代に設立された業界主導の福祉サービス研修訓練団体（TOPSS）は2005年4月に改組され、現在はケア技能協議会に改組され、社会ケアにおける研修・能力開発および人的資源計画・人的資源情報を通じてサービス水準の向上を目指す事業を行っている。また、質の向上をはじめ事業運営の改善を図るための「社会ケアへのコミット

メント」(Social Care Commitment) という取組みが、保健省がイニシァティブ
をとり、ケア技能協議会が業界をリードする形で推進されている。[42]

(2) ケアの質委員会による監査等

　事業主による取組みに加えて質の確保・向上に重要な役割を果たしているのは、独立の専門行政機関による監査等である。その役割は、もともとは2000年に設置された全国ケア基準委員会が果たしていたが、その後幾度かの機構改革を経て、2009年4月以降はケアの質委員会が担っている。ケアの質委員会の主たる役割は、前身の監査監督機関と基本的には同様で、2008年保健医療・社会ケア法（2条）に基づき、保健医療・社会ケアの提供に係わる登録、保健医療・社会ケアの質に関する評価、監査監督（reviewとperformance rating）である。具体的には、ケア・サービス事業者について事業の登録、事業者の事業実施状況のモニター、監査（inspection）を行うとともに、サービス利用者を保護するため、状況に応じて必要な措置を講じ（警告通知、罰金、登録抹消等の是正措置）、また特別調査やそれに基づく意見具申、提言等を政府（保健省）に対して行っている。[43]

　ケアの質委員会が行う事業者に対する監査は、2014年事業登録規則によって大きな見直しが行われ、安全・有効性・思いやり・ニーズ対応・指導力（well-led）という5項目を眼目に、一連の主要な質問事項（key lines of enquiry）を聴き取る形で実施される。その監査結果は、不十分、要改善、良好、優良の4段階に評価され、監査の頻度は評価の段階に応じて6カ月〜2年以内という周期が目安とされている。このような一般監査（comprehensive inspection）の他に、特別監査（focused inspection）が必要に応じて実施される。また、ケアの質委員会は、ケア事業者が基本的基準を遵守しているかどうかの法令遵守（compliance）のモニター活動を、事業者からの届出、利用者からの情報、従事者に関する情報等に基づいて行い、監査に役立てている（CQC, 2015）。法令に違反する懸念がある場合は、ケアの質委員会は、2008年保健医療・社会ケア法に基づき、状況に応じて要請、改善計画指導、警告、強制（閉鎖等）等の様々な措置をとることができる。[44]

図表 6-3　最低基準を満たしているケア・サービス事業所割合の推移（2003 〜 2010 年）

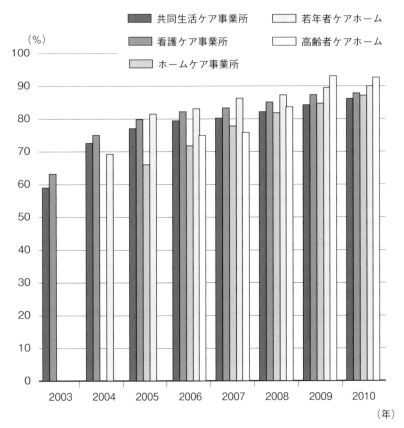

（出所）CQC, 2011a, Figure 7.

　監査等に基づく報告書は、ケアの質委員会のホームページで順次閲覧できる状態となっている。監査監督機関の取組みとの因果関係は必ずしも明確ではないが、どの種類のケア・サービス事業所も最低基準の達成状況には次第に改善の傾向が見て取れる（図表 6-3 参照）。

(3) 第三者組織による質の評価

　一方、ケアの質の委員会の前身機関から実施されていたパフォーマンス評価事業は質の向上に一定の役割を果たしていたが、政権交代後の連立政権は直ちに 2010 年に一旦廃止してしまった。野党時代から、特に保守党は、労働党政権時代のケアの質委員会によるパフォーマンス評価活動が官僚主義的、主観的で、効果をあげていないと批判していたからである。しかし、利用者への事業者の質に関する情報開示の要請は強かったので、国民が保健医療サービスを利用する際の選択に資するよう必要な情報を簡単に入手できる NHS Choices（従前の NHS ウェブサイトを大幅に刷新して、2007 年 6 月から開設）に、その情報を追加することとなった。つまり、2013 年 4 月からは、ケアホーム等を選択する場合の比較情報の提供を進めていく観点から、この NHS Choices にケア・サービスを実施している「事業者の質のプロフィール」がアップロードされている。ウェブサイトには、高齢者や介護者がケア・サービスの利用を検討する際に必要な全国の情報を事業ごとに、事業の概況（利用料金、報道記事等）、提供されるサービスの内容、ケア従事者（資格、研修等の情報）、ケアの質委員会による評価の結果、地図・連絡先等が搭載され、事業者の名称、所在地等を手がかりに全国どこからでも検索できるようになっている。基本的な搭載情報はケアの質委員会が収集した情報のサマリーであるが、各事業者が必要と考える情報は、利用者からのコメントも含め、適宜追加することも可能となっている。

　ただ、これらの情報は有益ではあるが、複数の事業者について比較情報を分かりやすく提供するという点では限界があり、利用者や自治体が事業者を客観的に比較評価する何らかの中立的観点からの評価情報への要請が強くあった。そこで、ケアの質委員会は、批判を受けていた直轄方式に代えて一定の要件を満たす民間組織に委ねる新しい評価システムを始めるべく 2011 年 5 月に提案を行ったが、事業者のコスト増、評価機関が複数の場合の評価結果の不整合、任意方式の限界等の観点から異論が出され関係者の合意を得るには至らなかった。しかし、保健省は、病院やケアホームにおける不祥事の再発防止策を迫られていたことから、Ofsted が行っているような新し

い第三者評価方式を開発すべく、ディクソンを委員長とする独立の委員会を 2012 年 11 月に設置し、検討を指示した。[45] 同委員会は、中立的な第三者による合成された（compositな）評価情報が求められていることを確認するとともに、具体的な評価システムの設計までには立ち入らなかったものの、評価に用いる項目には安全性、効果、利用者の経験を含むこと（大規模な組織の場合は財政、運営の状況も）、ルーチン業務の中や監査で収集されたデータを用いるなど負担が少ない評価システムとすること、その担い手としてケアの質委員会が望ましいことを 2013 年 3 月に提言した（ディクソン報告、Dixon J. et al., 2013）。これを受け、ケアの質委員会では、監査によって入手した情報に基づいて、事業者のケアの実施状況を優秀・良好・要改善・不十分の 4 段階で評価することとし、いよいよ 2016 年度から本格的に全国実施される予定である。[46]

（4）ケア従事者の質の確保

　ヒューマン・サービスというケア・サービスの特性上、ケア従事者の質の確保は極めて重要であることから、ケアの質向上に力を入れてきた労働党政権の下でケア従事者の質向上についても大きな展開が見られた。ケア従事者の大部分は、サポートワーカー等と呼ばれる特別の資格を保有しない者であるが、労働党政権がまず着手したのは、専門性の高いソーシャルワーカーの登録制度であった。度重なる児童虐待事件等により社会的批判を受けていたため、その信頼回復が急務であったことも背景にある。[47] 英国ではソーシャルワーカーの専門職化は早くから進み、1971 年 10 月には、それまで分野ごとに発展してきたソーシャルワークに対して統一的な教育・訓練を行うための全国組織として中央ソーシャルワーク教育・研修協議会（Central Council for Education and Training in Social Work）が設立されていた。まず、労働党政権は 2000 年ケア基準法を制定してこの協議会を廃止して社会ケア総合評議会を設置し（2001 年 10 月発足）、2003 年 4 月から登録制度をスタートさせた。[48] 当初は任意で始まった登録は 2005 年 4 月からは義務化され（違反には罰金が科される）、登録後も 15 時間以上の専門研修を受けたうえで 3 年ごとの更新を行

う仕組みとなった。[49] また、社会ケア総合評議会は 2003 年 9 月に職業倫理規準（code of practice）を策定するとともに、同年秋からは、従来の 2 年コースの養成課程に対し、社会ケア総合評議会が認定した学位 3 年コースがスタートした。

　一方、英国には一般の直接ケア従事者について日本の介護福祉士のような専門資格はなく、例えばケアホームに関しては、一般資格である全国職業資格（NVQ）の取得を目指すという形で事業主による従事者の資質向上が求められてきた。社会ケア総合評議会の設立は、もともとソーシャルワーカーだけでなく社会ケアの従事者全体を念頭においていたので、ケア従事者の質の向上の観点からその研修や資格のあり方について、さらに登録制（まず任意で）の導入も検討が進められ、[50]「成人社会ケア人材戦略」（DH, 2009b）でも登録制度の導入が打ち出されたが、その費用負担等をめぐって関係者の合意形成が進まず、やがて事実上断念された。

　これに対し連立政権は、ケアの質の向上の観点から直接ケア従事者の訓練が必要というスタンスに立ちつつも厳格な規制方式はとらず任意の登録制を進める方針を打ち出し（DH, 2011）、まずは職務基準の導入等を先行させるとともに事業主に対する研修体系の整備を進めた。[51] ただ、病院での患者死亡事件等を機に、大部分の業務が無資格者で実施されていることはもはや放置しておけない状況となった。フランシス報告も補助職者の研修に関して勧告を行ったことから本格的な検討がキャベンディッシュ（Cavendish C.）を委員長とする委員会（キャベンディッシュ委員会）で行われ、その報告（2013 年 7 月）は保健医療補助職との共通的・基礎的認証としてケア免状の導入を提言した（キャベンディッシュ報告、Cavendish C., 2013）。その検討と呼応する形でケア技能協議会が医療関係団体と協働で研修内容についての試行的なパイロット事業を実施し、それを踏まえて、保健医療補助職及び社会ケア従事者に対する新しい免状がいよいよ 2015 年 4 月から導入された。このケア免状は、15 項目の基礎的業務を実施する能力を持っていることを評価者が確認し評価していくもので通常は 12 週間程度かかる。ただ、全国的な登録制度ではなく、事業主が記録し、ケアの質委員会の監査の際に示すという方式を

とっている。

　なお、ケア従事者の職業能力の向上のためには資格取得後の研修や訓練が重要であることはいうまでもなく、既述の最適社会ケア研究所やケア技能協議会が研修等のほか質の高いサービスの提供方法について情報提供等を行っている。

3　ケア・サービスの質の状況

　労働党政権以降の様々な取組みを反映し、ケア・サービス事業の質は次第に改善傾向にある（CQC, 2010a、CQC, 2010b）。監査監督機関の取組み等との

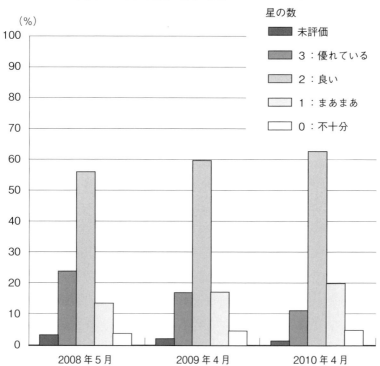

図表6-4　質の評価の結果の推移（2008～2010年）

（出所）CQC, 2011a, Figure 6.

関連は必ずしも明確ではないが、良い (good) 又は優れている (excellence) の評価を受けた事業所が 2008 年の 69% から 2010 年の 83% へと上昇するなど、事業者の評価結果は年々向上してきていることが見受けられる (図表 6-4 参照)。

また、英国では、成人社会ケア・サービスの利用のアウトカムを測定する取組み「成人社会ケアのアウトカム・フレームワーク」(Adult Social Care Outcome Framework, 略称 ASCF) が 2010 年度から始まっている。一連の測定値のうちケア・支援のニーズを有する者の社会ケアに関連する「生活の質」が、成人社会ケア調査 (Adult Social Care Survey) 等に基づき図表 6-5 のような質問項目から算出されており、その総合点は、2010 年度の 18.7 から 2013 年度の 19.1 へと漸増している。65 歳以上の年齢層についても、同様の傾向が見られる (HSCIC, 2014c)。

このようなデータだけに着目すると、ケア・サービスの質に関しては、事業所の取組みにおいても利用者にもたらされているアウトカムにおいても政策が功を奏しているように見える。しかし、問題は、公的なケア・サービス

図表 6-5 成人社会ケア調査中の社会ケア関連の「生活の質」についての質問項目

質問項目番号	質　問	領　域
3a	日常生活をどの程度コントロールしているかについて最もあてはまるものは？	コントロール
4a	清潔、身なりなどのパーソナルケアを思い浮かべながら最もあてはまるものは？	パーソナル・ケア
5a	飲食の摂取を思い浮かべながら最もあてはまるものは？	食物と栄養
6a	住まいの清潔さ、快適さについて最もあてはまるものは？	住まい
7a	安全、安心感について最もあてはまるものは？	安　全
8a	仲の良い友人とどの程度接することができたかを思い浮かべながらあなたの社会活動状況で最もあてはまるものは？	社会参加
9a	時間の過ごし方で最もあてはまるものは？	時間の過ごし方
11	支援などを受ける方法によってあなたが感じる気持ちで最もあてはまるものは？	尊　厳

(出所) HSCIC, 2014c, Table 3.1.

を担う自治体の財政が、既述のように極めて深刻な状況にあることである。財政縮減が進み、事業の効率化が努力の限界を超えれば、自治体は事業量の圧縮（利用者の削減、重点化他）、単価の引下げ等の方法を選択せざるをえなくなるであろう。既に様々な量的な影響が出始めていることは第4章や第5章でとりあげたが、これから懸念されるのは顕在化していない質的な問題である。連立政権からさらに現保守党政権へと個人の責任を重視する政権が続き、公的な資源投入が後退し個人の家計負担がそれを補完していくという路線が一段と鮮明になるであろうと思われるが、それがケア・サービスの質の確保とどこまで両立可能なのか、今後の動向を注視する必要があろう。

（参考）ケアの質向上に向けての主な取組み

労働党政権	
1998年11月	白書『社会サービスの近代化』
2000年 4月	全国ケア基準委員会の設置
2000年 7月	2000年ケア基準法の制定（2002年4月から施行）
2001年10月	社会ケア総合議会の設置
2008年 5月	ケア・サービス事業所に対する評価事業（2010年に一旦廃止）
2009年 3月	スタッフォード病院に対する保健医療委員会の報告書
2009年 4月	ケアの質委員会の設置
連立政権	
2011年 5月	BBCによるウィンターボーン病院報道
2012年	2012年保健医療・社会ケア法
2012年 7月	白書『将来のためのケア：ケア・支援の改革』
2013年 2月	フランシス報告
2013年 3月	ディクソン報告
2013年 4月	NHS Choicesに「事業者の質のプロフィール」を搭載
2014年10月	ケアの質委員会による新監査監督体制の始動

（出所）筆者作成。

第7章　ケア従事者の確保

　ケア・支援を必要とする高齢者に質の良いサービスを提供するためには適切な研修・訓練を受けた従事者を確保することが重要であるが、わが国のケア従事者と同様、英国でも高離職率、低賃金、女性中心等の人材確保上の課題を抱えている。いずれもかねてからの懸案であるが、政府の人材確保対策は、専門性向上を目指した登録制度の推進をベースにしつつも、事業者の責任による養成訓練を通じた質の向上や専門職あるいはキャリアとしてのイメージアップが主体であった。ただ、劣悪な労働条件が慢性化しているにもかかわらず、これまでは移民労働者等が補完してきたこともあり慢性的な人材不足はそれほど表面化しなかった。
　しかし、現実には近年の財政緊縮によって自治体から事業者への委託料金が抑制され、ゼロアワー契約が広がるなどの労働環境の悪化が進行している。したがって、人口高齢化に伴い支援を必要とする高齢者がこれから本格的に増加し、他方で移民政策が近年抑制に転換されていることを勘案すると、今後は質向上を目指した対策だけでなく、実質的な賃金の底割れを防ぎ、さらに労働条件の改善が可能となるような量的な人材確保策も併せて講じていかなければ持続的な人材確保は困難になる恐れがある。その意味で、保守党政権が新たに打ち出した全国生活賃金構想は注目に値する。と同時に、財政緊縮路線が引き続く状況下で、財源手当も含めた人材確保対策がどのように講じられていくのか今後の動向が注目される。

1 ケア従事者の概況

(1) プロフィール

　高齢者等が利用する成人社会ケア・サービス全体での従事者は、ケア技能協議会の 2014 年報告書（Skills for Care, 2014b）[52] によると、2013 年ベースで、17,300 事業者（38,900 事業所）において 145 万人（人数ベース）である。自治体によるケア・サービスの直接提供が引き続き減少していることを反映し、79%は民間事業者（営利・非営利）の従事者である（図表 7-1 参照）。ジョブベースでは、在宅ケア・サービス及び直接給付の受給者が個人的に雇い上げるケース等を中心に全体として増加傾向にあり、2013 年現在で 152 万ジョブに達している。[53] また、在宅ケア・サービスが増加したことの結果として、主なケア・サービスのジョブ数では、近年、在宅ケアと施設ケアがほぼ拮抗する状態になっている（図表 7-2 参照）。

図表 7-1　成人社会ケア・サービスの従事者数（事業者別、2013 年）

民間事業者（営利・非営利）	1,140,000（79%）
自治体	134,000（ 9%）
直接給付受給者	120,000（ 8%）
NHS	81,000（ 6%）
合　計	1,450,000（100%）

（出所）Skills for Care, 2014b, Table 5.6.

　また、ケア技能協議会の 2015 年報告書（Skills for Care, 2015）によると、2013 年度ベースで、全従事者の 73%はケアワーカー、サポートワーカー（support workers）などと呼ばれるケア・支援業務に直接従事する者であり、その他は管理者（9%）や専門職（6%）等である。勤務形態別では、フルタイムが 52%、残りはパートタイム等である。性別では、女性が 82%を占めており、全産業の平均が 46%であるのと対照的である。平均年齢は、近年概ね 40 歳台で推移しているが、55 歳以上の年齢層も 20%を超えている。国

図表 7-2　主要なケア・サービスのジョブ数の推移（2009～2013年）

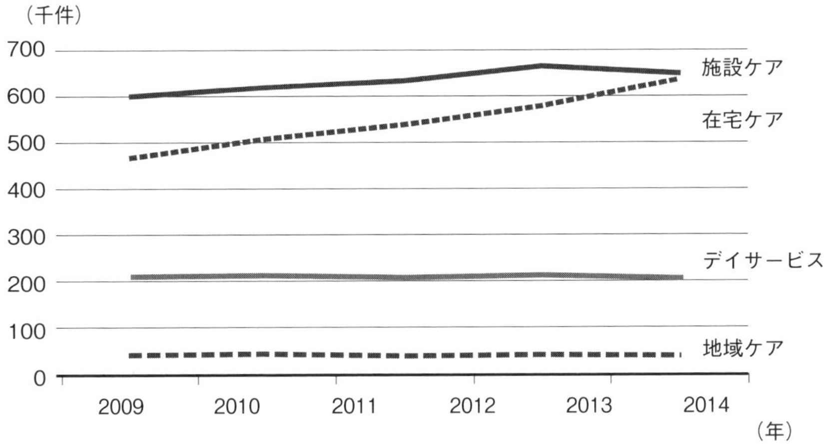

(出所) Skills for Care, 2014b, Chart 6.8.

籍別では英国籍が 82% であるが地域差があり、例えばロンドンでは非 EEA（European Economic Area）圏の国籍を持つ者が 30% に達している。

なお、従事者の専門能力では、半数強が何らかの社会ケア関連資格を保有しているものの残りの者は持っておらず、初任者研修を修了した者は約 3 分の 2 にとどまっている。

(2) 就業状況等

成人社会ケア・サービスの従事者の在職期間は、3 年以下が 46%、3～7 年が 30%、7 年以上が 24% である。直接ケア従事者の離職率は 25.4% と、定着状況が悪い。また、ケア業種の中では在宅ケア・サービスでその傾向が顕著であり、その離職率は 30.6% に達している。[54] ただ、離職しても 4 割強の再就職先は他のケア・サービス事業者であることから、ケア・サービス事業の中で転職している者が相当数いると推測されている。ちなみに、離職の理由は多岐にわたっており、その理由で 18% と最も多いのは個人的理由であり、仕事の性質や労働条件は低く、賃金は 3% と意外に低い（Skills for

Care, 2015）。

 とはいえ直接ケア従事者の賃金（時間当たり）は、平均が 7.57 ポンドで、最低賃金の 6.5 ポンド（2015 年）を上回っているものの生活賃金（Living Wage）[55] である 7.65 ポンドより低い（いずれも 2013 年度ベース）（Skills for Care, 2015）。カンジャノらが指摘しているように、ケア労働就業者は全国最低賃金制の導入の恩恵を最も受けた職業の一つであり、2003 〜 2008 年には、全労働者の平均賃金の上昇が 18% だったのに対して、ケア労働就業者の平均賃金は 22% 上昇した（Cangiano A.et al., 2009）。しかし、低賃金委員会から調査報告の委託を受けたベッサらは、NMDS-SC（注 52 参照）を用いて 2008 年 10 月〜 2012 年 4 月の 265,683 人の在宅ケア従事者の分析を行い、在宅ケア・サービスの就業者（管理者等も含む）の平均賃金は最低賃金より約 15% 高い水準にあるものの、最低賃金以下の者が 3.4%（未満の者は 1.1%）存在し、さらに 2011 年 10 月〜 2012 年 4 月には最低賃金以下の者が 6.1%（未満の者は 2.5%）へと増加傾向にあると分析している（Bessa I. et al., 2013）。

 さらに近年特に懸念されているは、実態的に最低賃金以下の低水準の者が相当数いることである。というのも、特にホームヘルプサービス等では自治体が事業者に委託する際の料金が移動時間（travel time）を除く訪問時間のみをベースにする傾向が強まっているため、事業者はゼロアワー契約でケア従事者を就労させるという労働慣行が強まっているからである。このゼロアワー契約という労働形態が、全業態で 23% なのに対して（ONS, 2014a）、成人在宅ケア・サービスでは 6 割に近い大きな割合となっており、特に民間事業者では、約 8 割となっている（いずれも 2012 年時点）。ゼロアワー契約自体は違法ではないにしても、実態的に拘束されている待ち時間を含めて賃金を割り戻すと最低賃金を下回ってしまうのである。このような状況に関してベッサらは、賃金が最低賃金以下の在宅ケア労働の就業者は、近年（2011 年 10 月〜 2012 年 4 月）では 7 割がゼロアワー契約で就業し、2008 年の 3 割に比べて著しく増加していることから、最低賃金以下の賃金とゼロアワー契約にはある程度の相関があると指摘している（Bessa I. et al., 2013）。

2 ケア従事者の人材確保のための対策

(1) 労働党政権による取組み

　人口の高齢化を控え、高齢者により良い質のケアを提供できる体制を構築していくためには、質の高いケア従事者を量的にも確保していくことが不可欠であることはいうまでもない。このうちケア従事者の質については、既述のように、社会ケア・サービスの質の向上を重点課題として掲げた労働党政権以降、研修の強化、ソーシャルワーカーの登録制等が一歩一歩進んできた。しかし、その嚆矢となった1998年11月の白書『社会サービスの近代化』（DH, 1998a, Chapter 5）ではケア人材の確保のために一つの章をあててその水準の向上をたしかに重点施策の一つの柱として掲げたものの、量的な確保にまでは言及していない。また、同白書のいわばケア従事者養成版とでもいうべき2000年4月の『社会ケア人材の近代化』（TOPSS England, 2000）も、その副題「第一次英国全国訓練戦略」が示すように、主として注力しているのは養成すべきケア従事者の質の向上であり、養成体系や研修の拡充を中心としたものであった。

　量的な人材確保についてもようやく政府のケア人材戦略の視野に入ってきたのは、労働党政権第2期の基本文書である2005年5月の白書『自立・福祉・選択：成人社会ケアの将来のためのビジョン』あたりからである。ソーシャルワーカーの登録制度その他の質的取組みが軌道に乗り始めた次の段階のケア人材の確保・定着策として、養成訓練だけでなく、高齢化に伴って人材確保圧力が高まってくるという認識が示され、賃金が唯一ではないにしてもケア従事者に対する支援策が効果的であると述べている（DH, 2005, pp.65-67）。そして2005年7月には、次の段階に向けて量的増加も含めた社会ケア人材戦略の見直しが始まった。その見直しを集大成した保健省と教育技能省の2006年10月の共同報告書（DH/DfES, 2006）は、当面及び2020年に向け、社会ケア人材戦略を人材確保・定着策を含めて5本柱にまとめるとともに、その前提として、高齢化が進行すると2020年までに従事者を25%増

加させる必要がある一方でケア市場への人材確保が十分できていないこと、確保されている人材も海外からのリクルートにますます依存し、人材派遣によって離職を補充している状況にあることなどを指摘し、懸念を示した。ちなみに、既に社会ケア監査委員会の2007年度報告書も、ケア従事者の欠員が2000年代後半から増加を続けて2007年下半期からは10万人を超え、ケア人材の確保が慢性的な困難状態にあることを指摘している（CSCI, 2009, pp.102-113）。

　このように、政府のこの時期のケア人材戦略はようやく人材不足を意識し始めたといえよう。しかし、具体的な対策として取り組まれたのは、依然として低い職種イメージを克服するための訓練、職業としての魅力を高めるためのキャリア開発、あるいは従事者への支援等が中心であり、量的な人材確保のための対策も、広報やパーソナリティ（人物）を用いたケア業界のイメージアップであった。具体的には、第1に、かつて実施していたリクルートのための全国キャンペーンを2008年にはあらためて保健省がテレビ、ラジオ、新聞等を通じて大々的に行った。第2は、2003年から始まった「ケア大使」（Care Ambassador）という事業で、専門資格を持っている経験豊富なケア従事者が「ケア大使」と称して若者へのロール・モデルとなり、学校等での様々なキャリア・ガイダンス等のプログラムに関わり、若者が社会ケアをキャリアとして検討するよう促していこうという事業者による取組みである。第3は、ケア見習い事業（Care Apprenticeship）で、早期離職を防ぐためにもまず見習い形態での就業機会（1〜2年間）を設け、主として23歳以下の若年失業者等を幅広くケア業務に呼び込もうという取組みである。[56] これらの事業を盛り込んだ2009年の保健省「成人社会ケア人材戦略」（DH, 2009b）は、重要戦略の一つとしてケア人材のリクルートと定着をあげている。しかし、依然として全体的には広報活動等による新しい人材の発掘、長期的なキャリア・パスの開発等が中心となっており、失業者対策を意識し大幅増加を目指したケア見習い事業は別として、量的なケア従事者不足を明確に意識した対策とはいいがたいものであった。

(2) 連立政権による取組み

　このようにケア従事者不足が量的に逼迫していくという認識がほとんど前面に出てこなかったのは、自治体がケア・サービスの最大の購入者とはいえ全国的な公定ケア料金が設定されているわけではなく、ケア・サービス事業の経営や運営の問題は、人材確保も含め、一般の私的経営活動と同様に個々のケア事業者が対応すべきものだと政府、自治体ともに考えていることがその背景にあると思われる。ケア・サービス市場における介護保険サービスのウェイトが圧倒的に大きく、介護サービス料金もいわば介護報酬という公定価格により統制されている日本とは様相がまったく異なる。

　連立政権のケア人材戦略も、2010年11月の白書『成人社会ケアのビジョン』（DH, 2010, pp.34-37）では、白書が掲げた政策の取組みに向けた質の高い人材の養成に主眼を置き、概ね労働党政権と同様のスタンスに立って対策を進めてきたように思われる。同白書を踏まえてケア技能協議会が策定した「人材確保・定着戦略」（Skills for Care, 2011）も、将来に向け多分野からの人材確保の必要性を言及するにとどまっている。また、2012年7月の白書『将来のためのケア：ケア・支援の改革』で強調されているのも、研修等によるケア人材の質の向上や人材確保策としてのケア見習い者の数の倍増（5年後の2017年までに10万人に）やケア大使の活動場面の拡大[57]が主たるものである（HM Government, 2012, pp.49-52）。「人材確保・定着戦略」の改定版である「人材確保・定着戦略2014-2017」（Skills for Care, 2014a）では大幅な人材養成増が必要であるという認識を示したものの、具体的数値目標までは言及していない。後述のように、連立政権は外国人・移民労働者の総量規制を本格化させた。その影響が少なくない一つの産業分野がケア事業であることを考えると、外国人労働者の確保難を見通した具体的な人材確保対策が議論されてしかるべき時期であるが、一部研究者の問題提起にとどまっている。[58]

　ただ、保守党政権誕生後の2015年7月にオズボーン財務相が発表した予算案（Summer Budget, HMT, 2015）で打ち出した全国生活賃金（National Living Wage）構想は、ケア従事者だけを意識したものではないが、賃金水準の改善は今後の量的な人材確保策にプラスに働くことは期待できるかもしれない。

労働党政権が全国最低賃金制度を導入した際にも、ケア従事者は大きなメリットを受けていたからである。もっとも、ケア・サービス業界は財政的な担保がないまま生活賃金が導入された場合の経営悪化を警戒しており、今後どのように打開されていくのか現時点では予断を許さない。

3 人材確保における課題

(1) 厳しさを増す人材確保・定着

既述のように、成人社会ケア・サービス従事者の離職率は高い。なかでも直接ケア従事者は4人に1人が離職しており（2014年で推計26.3%）、他の一般産業の離職率（15〜20%）と比べるとかなり高い（Skills for Care, 2014c）。ケア従事者の離職率は、セクター別で最も高いのは民間営利事業者（29.2%）で、次いで民間非営利事業者（20.0%）、自治体（11.9%）の順である。事業種別では、在宅ケアが30.0%と高く、施設ケアも24.2%である（Skills for Care, 2015）。このような状況は一向に改善する気配はないので、ケア事業者はリクルート、研修等に多くの経費が必要となり、離職者を補充できるまでは事業所は欠員状態になり事業実施にも制約が生じる。

一時10万人を超えていた欠員状態はその後若干改善しているものの、2013年度でも5.4%（6.8万人）に達している（Skills for Care, 2015）。欠員率は、施設ケア事業者よりも在宅ケア事業者の方が7.7%と相対的に高い。なお、行財政緊縮の影響を受けやすい自治体職員の欠員率は6.6%と民間事業者より高く、自治体のケア・サービス職員の中では、専門職（ソーシャルワーカー等）の欠員率が全体平均7%に対して9%と高い（HSCIC, 2015）。

ここであらためて、ケア労働市場の全体構造を概観すると、図表7-3のように、全体では約130万人の従事者に対し、1年間に39万人強が新規に就業して32万人強が退出し約2割の従事者が入れ替わっている。極めて出入りの激しい、危うい人材バランスの中で事業がまわっていることが見てとれる。

さらに、現在でも慢性的な人材確保難は、これからの人口高齢化に伴い一

図表 7-3　成人社会ケアにおける人材確保・定着の全体像（2014 年）

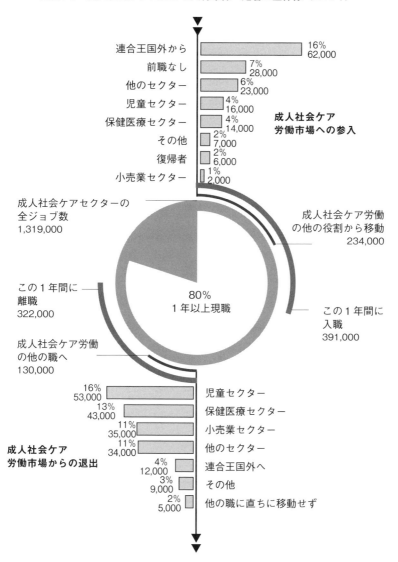

（出所）Skills for Care, Recruitment and Retention in the Adult Social Care Sector（http://www.skillsforcare.org.uk/Document-library/NMDS-SC,-workforce-intelligence-and-innovation/NMDS-SC/RandR-infographic-Final-digital.pdf, 2015/20/20）
（注）個人介助者は、除外されている。

層進行していくことは避けられないので、労働力不足に対応して必要なケア従事者を確保し続けていけるかどうか、あるいはそのための対策が今や問われ始めている。その前提となる将来必要となるケア人材の見通しについて、政府レベルでは、保健省と教育技能省の2006年10月の共同報告書文書（DH&DfES, 2006）が、高齢化の進行に伴い2020年までに従事者を25％増加させる必要があると指摘するにとどまっている。ケア技能協議会の2014年報告書（Skills for Care, 2014b, pp.40-41）では、2025年に向けて追加的に必要となるケア・サービスの業務数を、予算が圧縮されたケースから選択を最大限に拡張するケースまで4つのシナリオを想定して試算し、29.5～128万業務（基準ケースでは2013年現在で152万の業務が2025年には66.5万業務増加して219万業務に）と推計している。[59]

(2) 外国人・移民ケア労働者

これまで慢性的な人材確保難にもかかわらずケアの現場が何とか回ってきたのは、大量の外国人・移民ケア労働者の参入があったからといっても過言ではないであろう。一般にケア・サービス業界は好況時には人材確保難になるが、不況時に募集しても英国人労働者のリクルートは困難であるといわれている。低賃金委員会もこれまでたびたび指摘してきているように、もともとケア・サービス業界は最も賃金の低い業界の一つであり、社会的評価が低く、仕事が女性向きの労働という推定があり、またシフト勤務やキャリアの見通しがないという恵まれない労働条件が英国人労働者に魅力的でないからである（Moriarty A., 2009）。このような労働環境でも採用でき、かつまじめに働いてくれる外国人・移民労働者はケア・サービス事業者にとって貴重な存在である。このため、英国のケア・サービス業界では以前から多くの外国人・移民労働者が従事していたが、さらにEU拡大後にはA8諸国（2004年にEUに加盟した中東欧の8カ国）から労働者が大量に流入した。また、EU圏外の国からでも上級の社会ケア専門職の場合は労働ビザを取得することができ、ケア・サービス事業者は、英国内滞在中の者であれば家庭内労働者（domestic worker）ビザや学生ビザで外国人・移民労働者を合法的にリク

ルートすることも可能であった。その結果、政府統計局（ONS）の「労働力調査」（Labour Force Survey）を分析したカンジャノらによれば、国外生まれの労働者が成人社会ケア従事者に占める割合は、2001年の7%（4万人）から2009の18%（13万人）へと倍増し、実数では4万人から13万人へと3倍に増加している（Cangiano A. & Shutes I., 2010, pp.39-57）。[60]

　しかしこれは、ケアの現場が、いつ人材確保難が表面化してもおかしくない状況を抱えつつ外国人・移民労働者に依存していることにほかならない。その危ういバランスは、移民労働に対する全体的な規制強化の動きの進行に伴い、いつまでも放置できない課題になりつつある。というのも、労働党政権は、量的規制までは行わなかったが2008年から段階的にポイント・システムを導入し、EU圏外の国からの移民労働者には労働ビザに代わって学歴、年収、身元保証、英語力等に基づくポイントで審査する第2階層（Tier 2）を設け、ケア労働の場合は第2階層（一般）に該当することとなったからである。技能を有するケア労働は第2階層の中でも英国内居住者への人材募集を義務付けられない人手不足職業リストに含められることにはなったものの、学歴、年収等に関して求められる水準はケア・サービス業界から見ればかなり高く、EU圏外国からの移民ケア労働の道は厳しくなったのである。[61] 要するに、政府は英国やEU圏域内国の定住労働者では埋めることのできない専門職的な労働能力を有する一定の者のみを移民として受け入れるという方針に舵をきったため、身元保証の保証書を得られる事業主に応募することは制度上可能ではあるが、EU圏域外国からはかなりハードルが高くなったわけである。しかも、連立政権時代に入り2011年4月からは年間受入れ人数に総量規制が導入された。

　ケア従事者のうちEU圏外国の国籍保有者は、2013年度で約11%（ロンドンでは30%）を占めている（Skills for Care, 2015）。今後必要となるケア従事者の規模が大きいだけに、その人材確保策と移民政策の調整が必要になるところであるが、今後これらの国からの新規受入れが期待できないとすれば、比較的低賃金でも甘んじて働くEU圏内国からの就業者に補完を期待することになるのであろうか。一連の移民規制強化がケア人材の確保・定着に与える

影響と対応策については、労働党政権時代の保健省の「成人社会ケア人材戦略」（DH, 2009）ではまったく言及がなく（Cangiano A.& Shutes I., 2009, p.55）、また、連立政権に入ってからのケア技能協議会の「人材確保・定着戦略 2014-2017」（Skills for Care, 2014a）でもとりあげられていない。

(3) ケア従事者の労働条件の改善

　政府のケア人材戦略における量的対策は、依然として失業者や潜在的労働者の参入に期待し、事業主に魅力的な職場づくりへの取組みを求めることが主体となっている。もちろん、ケア・サービス事業の低い社会的評価を払拭していくため、ケアという職業の重要性や魅力をアピールし、新たな分野の労働者にも裾野を広げていくことは必要であろう。しかし、賃金等の労働条件が悪くても外国人・移民労働者によって補充できた時代は終わろうとしている。数十万人単位の大幅な追加の人材確保が必要であり、外国人・移民労働者にも期待できない（しない）のであれば、国内（あるいは EU 域内）の労働者が就業先の選択肢として魅力的な労働条件を提示することこそが求められてこよう。

　既述のように、離職の理由で最も多いのは個人的理由であって、賃金は理由として決して大きくはない。しかし、低賃金委員会がたびたび指摘しているように、ケア従事者の賃金が低いことは事実である。そのうえで、図表 7-4 のように賃金の多寡と離職傾向が比例しているという興味深い分析を見れば、賃金等の労働条件について何らかの対策を講じていかなければ増大するケア人材需要を満たすのは難しいことが見えてくる。ケア・サービスの質向上を掲げているにもかかわらず、それを担う従事者の労働条件の劣悪さを財政的手当て不足のまま放置し続けることがいつまでできるのかということが政府に問われているわけであり、本来あるべき姿、すなわちケア・サービスの質の確保とその財政的裏付けを一体的に検討することが今や求められているといえよう。

　とはいえ現実は、依然として自治体によるケア・サービス費用の削減（料金抑制）が、人材不足で苦しむケア業界の経営の悪化に追い討ちをかけてい

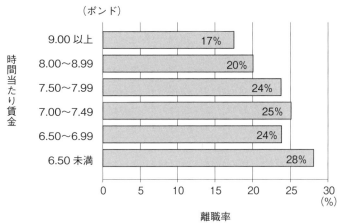

図表 7-4　ケア・サービス業界を離れたケア従事者の割合
（2013 年度の時間当たり賃金区分別）

（出所）Skills for Care, 2014b.

る。そこで、最低賃金制度のお目付け役である低賃金委員会は、ケア従事者の賃金や労働形態の悪化を極めて憂慮し、実態調査や意見聴取を例年実施しては、年を追うごとに保健省に対して厳しい指摘や勧告を繰り返し行っている。低賃金委員会が特に問題視しているのは在宅ケア・サービスの現状で、最低賃金違反が一向に改善されず、さらにゼロアワー契約等の拡大がそれを助長していること、そして、不適切な労働環境の背景にはそれを余儀なくさせている自治体の事業者に対する委託料金の不十分さがあること、などを厳しく指摘している。低賃金委員会から調査の委託を受けたベッサらは、ゼロアワー契約や移動時間の運用が実質的な賃金低下を招いており、また、ゼロアワー契約等の増加の背景には財政難による自治体の民間委託化、委託におけるブロック契約（block contract）の減少とスポット・フレームワーク契約（spot or framework arrangements）の増加[62]が関連していることを懸念しているが（Bessa I. et al., 2013）、低賃金委員会もこれを踏まえ共通の認識に立って勧告を行っている（Low Pay Commission, 2013）。[63] 低賃金委員会が特に問題視してきたのは自治体からの委託費の不十分さである。早くも 2009

年報告では、ケア事業者への委託においては最低賃金を含む実費が適切に反映されるようにとの勧告を行い（Low Pay Commission, 2009）、2011年報告では政府にも最低賃金遵守を励行させるためのガイドラインの発出を求めた（Low Pay Commission, 2011）。さらに2013年報告では、自治体からの委託契約書には、労働安全衛生の遵守義務があるのと同じように、事業者は少なくとも最低賃金を支払うべき旨の条項を盛り込むべしとまで勧告した（Low Pay Commission, 2013）。度重なる勧告の結果、2014年ケア法では、自治体の役割（同法5条）の中にケア市場の持続可能性に考慮すべきことが規定されるとともに、保健省から自治体宛の新法運用のガイドライン（DH, 2014b）では、ケア従事者への報酬は全国最低賃金以上でなければならないこと、自治体からの委託料金は事業者の事業継続を危うくするようなものであってはならないこと、などを示した。ちなみに、2013年報告で低賃金委員会がとりあげた英国在宅ケア協会（UKHCA）のデータでは、最低賃金の遵守とその他の必要な経費を賄うために必要な最低料金は1時間14.95ポンドなのに対して実際の料金は1時間12.87ポンドにとどまっているという。業界ではかねてからその不当性を訴え自治体に善処を求めてきていたが、近年は訴訟事案にも発展し事業者側が勝訴している事例も多数ある（Low Pay Commission, 2015）。

　このように、最低賃金を遵守することも困難なケア従事者の低賃金状態は、かなり深刻な状況といわざるをえない。人件費等のコストについては、これまでケア事業者の再編統合等による合理化が吸収してきた面もあるが、市場機能に期待することの危うさはサザンクロス社倒産事件でも示されたところである。そのような状況の中で今後動向が注目されるのは、オズボーン財務相が新たに打ち出した全国生活賃金構想である。現行の最低賃金制度を底上げし、25歳以上の者には時間当たり7.2ポンド以上とする全国生活賃金制度を2015年10月から導入するものである。今後の水準については、低賃金委員会が、2020年までに中位所得の60%を基準にするための方策を検討することとされている（HMT, 2015）。[64] ケア従事者は、労働党政権が復活した全国最低賃金制度の恩恵を最も受けた職種の一つといわれていることから、今回の措置も朗報といえる動向である、しかし、ケア事業者が生活賃金を支

払うことを可能にする自治体への財政的裏付け措置がなければケア・サービスの現場が混乱を招く可能性もある。いうまでもなく、ケア事業者も自治体への追加的財政措置と委託料金への反映等を強く求めている。[65]

(4) ケア従事者の新しい役割

　ケア・支援を必要とする高齢者等の増大が見込まれるなかで、量的対応とは別に、ケア従事者が新しい役割を担うことによって対応していく可能性についての検討も今後の課題の一つである（DH, 2005, p.65）。例えば、ケアホームでは入所者の医療的ケアの必要度が高まっているため、わが国における介護職に対する期待と同様、ケア従事者による医療的ケアの一部実施について問題意識が高まりつつある。ナーシングホームでは看護師は配置されているものの多くはケア従事者であり、ましてやレジデンシャル・ケアホームでの医療的ケアは地域看護師による訪問対応しか原則論的には期待できないからである。このような看護師の少ない体制下で高まる医療ケアニーズに対応するためには、自ずとケア従事者の役割拡大に期待が集まる。そこで、一定の訓練を経た社会ケア職や医療ケア職をいわば職際的な新しいタイプのワーカーとして認めていこうという議論も出てきた（TOPSS England, 2003, pp.218-220）。さらに、ワイルドらは、ケアホームの入所者の高齢化が進み、ケアの大半をケア従事者が担っているという現状を踏まえ、ケア従事者が基礎的な医療技術を習得し役割を拡大していくべきだとして、新しい登録制度を提言している（Wild D.et al., 2010）。この他、一部の研究事業等と併行して、社会ケア職の新しい役割を意識した研修事業等が試行実施された地域もある。しかし、医師から看護職への職務権限拡大は進んでいるものの、看護職が本来行う医療業務の一部をケア職員が実施することに対しては慎重論が強い。ちなみに、補助看護師に一定の看護業務を委任可能とすべきかという議論はかねてからあるが、たとえ委任するにしても能力を有する適切な補助者に委任すべきであり、補助者が行う行為に対する委任者としての責任は残るため委任後も適切なスーパービジョンを行うべし、というのがこれまでの多数派の見解である（Diamond B., 2011, Chapter 24）。英国の看護・助産審議会も同様

のスタンスに立って委任が適切に行われるよう、規準を示している（Nursing and Midwifery Council, 2008）。しかし、委任に値する補助看護師の研修等のあり方について、関係者の合意形成はなかなか進展してこなかった。

　このような状況の中で、フランシス報告を踏まえた看護・ケア従事者の資質向上・確保の検討を行った前述のキャベンディッシュ委員会が、社会ケア職と保健医療補助職との共通的・基礎的認証としてケア免状の導入を2013年7月に提言した（Cavendish C., 2013）。この新しいケア免状によりまず基礎的な共通養成体系の整備が進んでいけば、やがてその上位免状として社会ケアと保健医療ケアを一体的に担うことのできる新しいタイプのワーカーが誕生する布石となるかもしれない。

第8章　介護者への支援

　英国では、日本のような介護保険制度はないので、介護者によるケアの状況に関係なく、高齢者等本人の心身の状態が一定の要件を満たせば公的なケア・サービスを受けることができ家族等のケア負担が軽減される、という仕組みにはなっていない。家族等によるケアを受けている場合、その限りにおいてケア・サービスの全部又は一部を受けられないからである。日英を比較すると、日本の介護者の方が恵まれているように一見考えられるが、英国は早くから介護者に着目した支援立法を有する数少ない国の一つであり、これと介護者戦略の二本柱で介護者の支援に力を入れている。

　また、この間の介護者支援の考え方は、ケアを要する「高齢者等のための介護者支援」から「介護者のための介護者支援」へと発展してきた。つまり、当初は高齢者等のケア・支援ニーズを評価する際に付随して介護者の状況が配慮されていたにすぎないが、今では介護者本人の「生活の質」を保障するという観点が重視されるようになっている。さらに、2014年ケア法では、介護者をニーズ評価や支援において高齢者等本人と同等に位置づけるとともに支援策が強化された。

　わが国の介護保険制度では、高齢者等本人を中心に制度が組み立てられ、施策が中重度の要介護者にシフトしていく状況下で介護者の負担が重くなることが懸念されているのとは対照的に、介護者固有のニーズに着目した支援を強化している点は着目すべきところであろう。

1 介護者の現状

(1) 介護者のプロフィール

日本では要介護等の認定を受けた高齢者をケアしている者だけが介護者と考えられがちであるのに対して、英国では、高齢者、障害者（児）等をケアしている者や若者（子どもも）を含め幅広く包括的に視野に入れて介護者と認識している。その前提で介護者（16歳以上）の現状を概観すると、最近の人口センサス（2011 Census）によれば、介護者は連合王国全体で650万人（イングランドには540万人）で、8人に1人（16歳以上人口の12%）（6世帯に1世帯の割合）いると推計されている。[66] 2001年の人口センサス当時は590万人弱であったので、この10年間に約11%増とかなり増加している。さらに2037年には連合王国全体で900万人になるとも推計されている。介護者

図表 8-1　前月にインフォーマルなケアを行った者（16歳以上）の割合（年齢・性別）

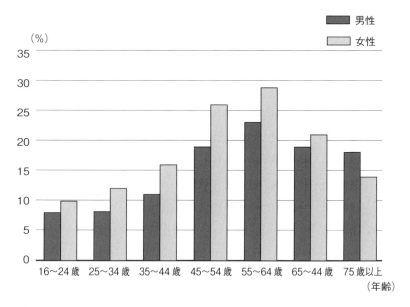

（出所）HSCIC, 2013b, Figure 9A.

の58%が女性である。また、介護者の約半数は何らかの形で就労している（Carer UK, 2014）。

健康調査（Health Survey for England）によると、インフォーマルに（職業ではなく）ケアを行っている者は、男女とも年齢とともに上昇して55-64歳台でピークに達し、65歳以降は逓減している（図表8-1）。ただ、全体としては65歳以上高齢者が約4分の1を占める。インフォーマルなケアの対象は半数近くが親であるが、45-64歳台では親が6割なのに対して65歳以上では配偶者をケアする者が約4割と最も多くなる（HSCIC, 2013b, Chapter 9）。

(2) ケアの状況

介護者のケアの実態（2012年度）についてみてみると、1週間のケア時間は、60%が週35時間以上、35%が100時間以上と長時間のケアをしている者が相当数いる。また、ケア期間では、22%が3年以下である一方、15年以上と長期に及んでいる者も26%いる。さらに、健康については、特

図表8-2　ケア時間と介護者の健康上の問題（同居・別居）

	1週間のケア時間（%）		ケアが行われる場所（%）		全介護者（%）
	20時間未満	20時間以上	同じ世帯	他の世帯	
疲労を感じている	21	47	42	25	34
ストレスを感じている	22	38	32	25	29
睡眠が妨害されている	16	35	32	18	25
イライラする	16	28	25	18	22
落ち込んでいる	12	25	23	14	19
身体への負担がかかる	6	17	15	7	11
医者にかからざるをえなかった	3	12	10	5	8
健康状態が悪くなった	2	9	8	3	6
持病が悪化した	3	8	5	5	6
食欲がなくなった	2	7	5	3	4
何かしら健康上の影響があった	39	65	62	42	52
特に健康上の影響はない	61	34	38	58	48
全介護者数（人）	1,100	1,100	1,100	1,100	1,100

（出所）HSCIC, 2010, Table 4.2.

に問題を抱えていない者が44%なのに対し、長期の疾患を持っている者も24%、身体的な障害がある者が20%、という状況である（HSCIC, 2013a）。ちなみに、別の調査に基づきケアの度合い等と介護者の健康の関連を示したのが図表8-2である。ケア時間が長い場合、別居よりも同居の方が健康上の問題や負担をより多く抱えていることがわかる。

　ちなみに、ケアが介護者の「生活の質」に与えている影響の一例を示したのが図表8-3である。「生活の質」は、生活時間の自由度、自分による生活のコントロール、自分のため（睡眠、食事等）の時間の確保、安全、虐待、攻撃等の身辺の安全、社会とのコンタクト及びケアに対する励ましや支援、の6項目に対する回答に基づいて介護者が抱えているニーズを3段階（0、1、2点）に点数化して分析したもので、ケアを行っている時間が長くなるにつれて「生活の質」に関連したニーズが高くなっていることがわかる。

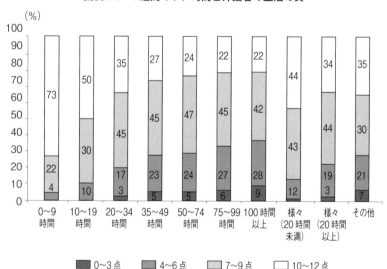

図表8-3　1週間のケア時間と介護者の生活の質

（出所）HSCIC, 2013a, Figure 4.6.
（注）点が低いほどニーズが高い。

2　介護者支援対策の枠組み

(1) 介護者支援対策の歩み

　このように多くの介護者は、様々な負担を抱えつつ高齢者等のケアのために大きな役割を果たしているのが実態である。そこで、介護者支援を強化していくための対策がこの間の法整備と「全国介護者戦略」の2つを拠り所に展開されてきたが、介護者支援を進める論拠にも大きな変遷が見られる。すなわち、当初は、高齢者等に対する支援の必要性を判定する際に介護者により受けているケアの状況も考慮するという付随的な位置づけであったものが、介護者本人への支援の必要性についての認識が次第に強まり、さらに介護者固有の市民生活にも配慮すべきだという考え方へと転換が見られる。いいかえれば、介護者をケアを行う重要な人的資源ととらえ、引き続きその役割が果たせるよう功利的、手段的な観点から支援しようとする「介護者資源」論的アプローチから、健康や生活面で多くを犠牲にしている介護者の状況に着目し、その負担をやわらげ、さらに生活の質の向上を図ることを社会の責任として考える「介護者福祉」論的アプローチあるいは「介護者の生活の質重視」論的アプローチへという展開である（井上、2004）。

　一連の展開の中で先行したのは法整備であり、なかでも介護者支援の嚆矢となったのは、保守党サッチャー政権時代に制定された1986年障害者（サービス、相談、代理）法（Disabled Persons Act〔Services, Consultation and Representation〕1986）であるが、この法律では、ケアを受ける高齢者等のニーズ評価に付随して介護者によるケアの状況が考慮されるにとどまった。2番目の法整備である1995年介護者（評価、サービス）法（Carers〔Recognition and Services〕Act 1995）では、介護者は自治体に対して介護者固有のニーズ評価を請求することができるようになった。もっとも、介護者がニーズ評価を受けられるのは、介護者が「恒常的に相当程度のケアを行っている」場合であり、ニーズ評価を受けても実際に利用できる給付（サービス）については規定されなかった。

これらの法整備に加えて介護者支援対策を大きく具体的に前進させたのは、1999年1月に労働党ブレア政権が打ち出した「介護者をケアする」と題する「全国介護者戦略」（DH, 1999）であった。この戦略は、「広く介護者に対する情報提供の充実」「介護者に対する支援体制の整備」「介護者ニーズに着目した介護者支援」という3本柱で構成され、介護者の役割の重要性に着目しただけなく、その「生活の質」を向上させることを目標にすると宣言した点が特に注目に値する。ちなみに、「生活の質」として具体的に掲げられたのは、自分の生活を営む自由、自分の時間、希望すれば仕事を続けられる機会、生活と必要な支援に対するコントロール、健康と福祉の向上、地域への参加、心の平安であり、介護者を単に高齢者等をケアする人的資源ととらえず、その市民生活の充実に視点を置いた。この時期に制定された2000年介護者・障害児法（Carers and Disabled Children Act 2000）では、介護者ニーズ評価に基づいて支援サービスを提供することができる権限が初めて自治体に付与された。実際に利用できる給付（サービス）の内容や量は自治体の裁量によって異なったが、バウチャー方式や直接給付方式も導入されるようになった。さらに2004年介護者（機会均等）法（Carers [Equal Opportunity] Act 2004）では、介護者にニーズ評価を受ける権利があることを周知すること、介護者支援サービスの提供にあたり介護者の教育、訓練、労働及び余暇活動への参加に資するよう配慮することなどが、自治体に義務付けられた。労働党政権は、その後2007年12月には、介護者支援対策について大臣等に対して専門的助言を行う独立機関として介護者委員会（Standing Commission on Carers）を設置し、2008年6月には次の10年間の全国介護者戦略を「21世紀の家庭・地域の中心に位置する介護者」として刷新するなど、対策を積極的に推進していった（HM, 2008b）。[67]

　連立政権も介護者支援対策を重視する路線を継承し、2010年11月には2015年3月までの新しい介護者戦略を「認識・評価・支援、これからの介護者戦略」（HM Government, 2010b）と題して打ち出した。その内容は、概ね労働党政権の路線を継承するものであるが、特に、介護者が介護者であることを早期に認識できるよう支援するとともに高齢者等のためのケアプラン策

定において貴重な役割を果たしていることを評価する、教育や雇用において潜在能力を発揮できるようにする、家庭・地域での生活を営むことができるよう個別的な支援を行う、心身の健康確保を支援する、の 4 点を重点項目としている。そして、地域における介護者支援事業（レスパイト事業等）への取組みを促すため、予算面のてこ入れとして NHS において 2011 年 4 月からの 4 年間に 4 億ポンドを増額した（但し、使途制約なし）。また、支援の内容を介護者自身が選択し決定していけるよう、いわゆるパーソナライゼーションの考え方を介護者支援にも適用し、個人予算の利用を 2013 年 4 月から可能とした。

なお、1980 年代から介護者支援のための特別立法が断続的に整備されてきたが、断片的で複雑化してきたため、法律委員会による見直し作業の中でケア法体系全体と併せて検討され、後述のように 2014 年ケア法に一本化されるとともに、介護者への支援は高齢者等と並ぶ形で法的にも強化された（図表 8-4 参照）。

図表 8-4　介護者支援対策の歩み

1986 年　7 月	1986 年障害者（サービス、相談、代理）法制定
1995 年　6 月	1995 年介護者（評価、サービス）法制定
1999 年　1 月	「介護者をケアする：全国介護者戦略」
2000 年　7 月	2000 年介護者・障害児法制定
2004 年　7 月	2004 年介護者（機会均等）法制定
2008 年　6 月	「21 世紀の家庭・地域の中心に位置する介護者」（新全国介護者戦略）
2010 年 11 月	「認識・評価・支援、これからの介護者戦略」
2015 年　4 月	2014 年ケア法施行

（出所）筆者作成。

以上の他、介護者支援に関わる給付制度として、介護者手当（Carer's Allowance）がある。これは、介助手当等を受給している者を週 35 時間以上ケアしている 16 歳以上の者に対して支給される給付で（所得制限あり）、約 72.1 万人（2015 年 2 月）が受給している[68]（図表 8-5 参照）。

図表 8-5　英国における介護者支援対策の全体像

介護者支援サービス	自治体は、2014 年ケア法に基づいて介護者に対するニーズ評価を行い、その結果を踏まえて支援サービスを給付。
経済的支援	介助手当等を受給している者を週 35 時間以上ケアしている 16 歳以上の者に対する国からの介護者手当（週 62.10 ポンド、2016 年度）。但し、就業所得が週 110 ポンド以上、年金等の公的給付を同額以上受給している場合には支給されない。
社会保険制度上の配慮	介助手当等を受給している者を週 20 時間以上ケアしている場合は、国民保険料を納付しなくても、その期間中の基礎年金・付加年金の給付を保障。
就労との両立	2006 年労働・家族法（Work and Families Act 2006）に基づき、配偶者や同住所の親族等をケアしている場合、事業主に対して柔軟な働き方（労働時間への配慮等）を要請できる。

（出所）筆者作成。

(2) 2014 年ケア法に基づく介護者支援

　これまでの法整備と介護者戦略により段階的に拡充されてきた介護者支援は、2014 年ケア法において介護者の権利が強化され、一層強固なものとなった。すなわち、従来は「恒常的に相当程度のケアを行っている」介護者がニーズ評価を申請することができたが、2014 年ケア法では第 1 に、介護者が行っているケアの程度やケアを受けている高齢者等が認定を受けているかどうかと関係なく、あくまで介護者の状況に着目して支援を必要とすると見受けられる場合は、介護者のニーズ評価を行う義務を自治体に課した。そのうえで、第 2 に、自治体にはニーズありと認定した介護者に対し必要な支援を行う（給付・サービスを提供する）ことが義務付けられた。さらに第 3 に重要な意義があるのは、情報・助言の提供、多様で質の高いケア・サービス市場の形成等の自治体の一般的な責務の遂行において、ケアの対象者である高齢者等と並んで介護者を位置づけたことである。法律全体を通じて介護者を高齢者等と同等に位置づけていこう、とする意図がうかがえる。

[介護者ニーズの認定基準]

　具体的には、2014 年ケア法では、まず、介護者とは、ケアを必要とする

成人（18歳以上の者[69]）にケアを提供し、または提供する意図を有している成人であると定義している。次に、介護者が実際に支援を受けるためには、2014年ケア法に基づいて介護者ニーズ評価（Carers Assessment）を受けることが前提になるが、支援を必要とする基準に合致していると認定されるのは、支援の必要性（ニーズ）が高齢者等に必要なケアを提供していることに起因していること、そのために介護者の心身の状態が悪化ないしその危険性がある、または一定の行為ができないこと、結果としてその介護者の福祉に大きな影響（significant impact）を与えていること又はその蓋然性があること、という3要件をすべて満たす場合である。第1要件では、ケアを行っている高齢者等が自治体の認定要件に合致するニーズを有しているかどうかは問われない。第2要件の介護者ができないこととして例示された一定の行為としては、子供の養育、他の人のケア、家の居住環境の管理等の7項目が定められており、ここに介護者の日常生活の継続や学習・社会活動への意向を配慮していこうとする意図が表れている。第3要件の「大きな影響」については、高齢者等のニーズ評価の場合と同様、個別の判断に委ねている（図表8-6参照）。

図表8-6　介護者ニーズの認定基準（3要件）

第1要件
　介護者の有するニーズが高齢者等に必要なケアを行っていることに起因している。
第2要件
　有しているニーズのため、心身の状態が悪化ないしその危険性がある、または次のようなことができない。
　子供の養育、他の人のケア、家の居住環境の管理、栄養の管理・維持、家族又は個人的な人間関係の発展・維持、仕事・訓練・教育・ボランティア活動への従事、公共交通・余暇施設等の地域サービスの利用
第3要件
　結果としてその介護者の福祉に大きな影響を与えている又はその蓋然性がある。

（出所）Care and Support（Eligibility Criteria）Regulations 2015 No.313. に基づき筆者作成。

新しい認定基準により、介護者はニーズ評価を受けやすくなり、さらに、2014年ケア法では高齢者等本人に匹敵する支援を受ける存在となった。つまり、介護者が支援を必要とするニーズを有していると見られる場合には、自治体はニーズ評価を行う義務があり、介護者の有するニーズが認定基準を満たす場合、自治体は、これまでは負っていなかった介護者のニーズを充足するために必要な支援を行う義務を果たさなければならなくなったからである。介護者は、高齢者等と同様、個人予算を選択することもできることとなった。但し、介護者が受けられる支援の内容や程度（量）が統一的に決められているわけでなく、中央政府や各自治体の財政状況、政策等により規定されていくこととなるので、今後の実施状況を注視していく必要があろう。

　なお、既述のように、認定を受けた高齢者等に対するケアプランを策定するにあたり、介護者によるケアが行われている場合は自治体は高齢者等を支援する必要はなく、事実関係の記録だけをとどめておく。日本の介護保険制度では、介護者によるケアの状況に関係なく、高齢者等本人の心身の状態が一定の要件を満たせば要介護等と認定されて介護サービスを受けることができ、在宅介護サービスの利用には給付上限月額はあるものの、家族等のケア負担は結果として軽減されている。これに対し英国では、家族等によるケアの状況が把握され、ケアを受けている場合は公的なケア・サービスの全部又は一部を受けられない。[70] ただ、家族等によるケアを当然の前提にしているわけではなく、介護者のケアの状況に変化が生じた場合、高齢者等のニーズの全体像を踏まえてあらためて適切なケアプランを策定するという考え方である。

3　介護者支援対策の実際

(1) 介護者が受ける支援サービス

　介護者のニーズ評価は、一連の法整備により権利化が段階的に進められてきた。その結果、特に2004年度から2005年度にかけてニーズ評価を受ける者が大きく増加したが、40万人台に達した以降、近年は次第に減少傾向に

ある。500万人を超える全介護者の数と比較すると1割に満たず、まだかなり改善の余地がありそうである。介護者による具体的な支援サービスの利用も似たような歩みをたどり、近年はやや減少気味である。ニーズ評価を受け

> **コラム C** Torbay 地域における介護者支援事業
>
> 　英国西南部の南 Devon 地方の海岸沿いに位置する Torbay 地域[71]は、「Mrs. Smith（仮想上の人物）のために」という合言葉で、保健医療サービスと成人社会ケアの連携に意欲的に取り組んでいる全国的にも有名な地域である。介護者支援においても2000年から地域独自の「介護者戦略」を策定し、行政部局横断的に事業を展開している。
>
> 　具体的には、広報キャンペーンだけでなく自治体職員の意識向上の研修や診療所等を活用した介護者の早期発見に取り組むとともに、介護者固有のニーズに地域として応えるため個別事情に対応した多様なメニューを柔軟に提供しているのが特徴である。代表的な事業をいくつかあげれば、以下のとおりである。[72]
>
> 　○ 地域のすべての診療所にもと介護者を中心とする介護者支援ワーカー（Carers Support Workers）が週1回以上訪問し、来診者、家族介護者等に様々な情報提供・助言
> 　○ 地域を構成する3地区すべてに介護者センターを設置（介護者への様々な相談窓口）
> 　○ 介護に関する電話案内相談事業（Signposts for Carers）
> 　○ 登録カードを発行し、情報提供や緊急時対応のためのデータベースとなる介護者登録制度（Carers Register）
> 　○ 健康づくり、介護方法等の様々な介護者向け講座
> 　○「介護者の会」活動や認知症カフェ（多くは地域の民間団体が運営）
>
> 　これらは介護者としての認定を受けなくても利用できるが、一定のニーズを有するとの認定を受けた場合はさらに、情緒的支援サービスを受けられるクーポンや個人給付（レスパイト等に利用）を受給できる。なお、正規の介護者ニーズ評価を受けなくても自分の介護者としての状態を早く自覚するためのライトタッチの介護者健康状態等チェック票が開発され、診療所等での普及も進められている。

第8章　介護者への支援

る場合の形態は、介護者単独の形態が徐々に増加している（図表8-7参照）。

ちなみに、2009年度において、介護者のうちニーズ評価を受けることを自治体から提案されたのは6%、実際にニーズ評価を受けたのは4%にとどまり、さらに実際に何らかの支援を受けたのはその約3分の2であった。支援の内容は、自治体の裁量に委ねられており、給付や支援グループに関する情報提供、介護用品支給、レスパイト等様々であり、また高齢者等本人に対してケア・サービス支援を受けるという方法もある（HSCIC, 2010）。また、直接給付等を受給して自ら必要なサービスを購入したり、短期のレスパイトを取ることも可能であり、各自治体ができるところから様々な工夫をしているのが実態である（コラムC参照）。

図表8-7　介護者が受けたニーズ評価・支援サービスの推移（単位：人）

	2004年度	2005年度	2010年度	2013年度
介護者ニーズ評価				
合　計	224,130	379,450	445,135	409,995
単　独	46,390	90,665	160,280	161,835
共　同	147,770	240,630	242,930	210,390
辞　退	29,970	48,155	41,920	37,770
支援サービス				
合　計	143,420	283,630	379,585	353,070
固有サービス	64,655	141,945	188,175	174,670
情報のみ	78,770	141,580	191,405	178,395

（出所）HSCIC, Care Statistics, Social Services Activity, England - 2013-14, Final release: Annex M - Compendium 2000-01 to 2013-14.（http://www.hscic.gov.uk/catalogue/PUB161 33,2015/10/20）に基づき筆者作成。

(2) 民間団体による介護者支援事業等

介護者支援対策は当事者団体が主導して発展してきたことからも、介護者支援事業おいては民間団体の活動が顕著である。介護者支援対策の拡充に熱心に取り組んできた全国的な団体としては、Carers UK（1960年代に設立）やCarers Trust（The Princess Royal Trust for CarersとCrossroadsが2012年4月に統合）がある。これら団体は、介護者の実態調査、政策提言等を行い全国各地の取組みのオピニオンリーダー的役割を果たすと同時に、介護者の社会的意義を

国民的に啓発するため「介護者権利の日」(Carers Rights Day、2015 年は 11 月 20 日）や「介護者週間」(Carers Week) の全国キャンペーンを行っている。

　自治体が事業を展開する場合の実際の担い手も当事者団体であることが少なくなく、なかでも介護者センター (Carers' Centres) は全国各地にあり、介護者の心強い見方である。具体的な活動は、地域の介護者が抱えている給付、サービス利用、ニーズ評価等に関する様々なニーズについて、電話、立ち寄り、訪問等の方法により、情報提供や助言、情緒的な支援、権利擁護、レクリエーション等と幅広い。そのネットワークも自治体の成人ケア担当部局と比べても遜色なく、全国 144 カ所に展開している。[73]

第Ⅲ部　高齢者ケア改革の動向

第9章 ケア費用負担問題と2014年ケア法

　高齢者が自治体の認定を受けてケア・サービスを利用する場合のケア費用負担のあり方は、英国の高齢者ケアにおける長年の大きな懸案の一つであった。自治体による運用の地域格差やNHS利用時の負担とのアンバランスは以前から抱えていた課題であり、一定以上の資産を有する者も従来から自治体費用によるケア・サービスは利用できず私費での利用であった。しかし、自治体財政の逼迫による認定要件の重点化、住宅価格の高騰等に伴って私費契約利用者が増え、持ち家売却者が毎年3〜4万人という政治的にも放置できない状況となった。それでも対応が先送りされ問題解決が長引いたのは、人口高齢化に対応するためにはケア・サービスの確保は不可欠であるものの、必要な財政措置問題がからみ、どこまで国民に負担を求めるかという難題があったからである。

　労働党政権の末期にようやく改革作業が始まったが、結局、2010年5月の総選挙で政権交代となり、保守・自民連立政権が「ケア・支援の財政に関する委員会」での検討を経て2016年度から生涯ケア費用負担上限額（キャップ）方式を導入することとなった。[74] 一方、第二次世界大戦後約60年間に複雑化してきた成人社会ケア関連法令を抜本的に見直す作業も労働党政権時代の2008年から法律委員会で本格的な検討が始まり、多数の関連法令を一本化すべしという法律委員会の勧告は、新しいケア費用負担方式の導入、ニーズ認定基準の全国標準化、介護者支援の拡充等と一体的に2014年ケア法と

して結実することとなった。

　2014年ケア法のうちニーズ認定基準の全国標準化等は既に2015年4月から実施され、懸案であったニーズ認定の地域格差等の問題は改善が期待される。但し、キャップ方式の2016年4月からの施行については、実施を間近に控えた2015年7月になって唐突に2020年4月からの実施に先送りされる方針が発表され、先行きが不透明な状況に陥っている。

1　ケア費用負担問題への取組み

(1) ケア費用負担問題の背景

　人口高齢化等に伴って増大するケア費用をどのように関係者が負担するかは、英国においても長年の懸案であり、労働党政権時代に既に大きな政治課題となっていた。その背景には、現行の成人社会ケア・サービスの利用と費用負担に内在する様々な矛盾があった。

　第1に、国民に最も不人気だったのは、費用負担の重さである。特に一定以上の資産を保有している者は利用するケア・サービスの費用の全額を自費で賄わなければならないため、ケアホームに入所する場合は余裕資金がないと持ち家の売却を迫られるという問題を抱えていた（第3章1 (1) 参照）。施設での入所期間は2年程度と決して長くはないものの、長期化するとある程度の貯蓄がなければ経済的に乗り切るのが難しくなり、その結果、施設入所費用を捻出するために毎年約3～4万人が持ち家の売却を余儀なくされ、大きな社会問題となっているからである（DH, 2013d）。ただでさえ、施設入所という大きな生活環境の変化に加え、不利な条件であわただしく持ち家の売却を迫られ、しかも、実費負担してもケアホームで受けるケアの質が自治体負担の入所者と比べて必ずしもよくないということなどが不満に輪をかけ、現役時代に老後に備える努力をしたことがあだとなる不公平な仕組みではないかと、かねてから国民のいわば怨嗟の的であった。

　第2は、特に近年の傾向として、自治体の財政逼迫等のためそのケア・サービスを利用できる者が重度のニーズを持つ者にシフトし、図表9-1のよ

図表 9-1　自治体におけるケア・ニーズ認定基準の変化（2005・2013 年度対比）

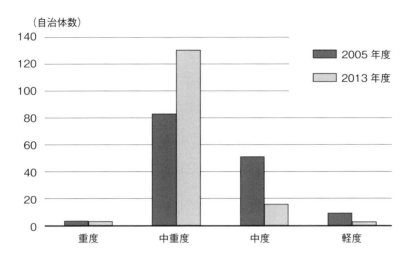

（出所）Age UK, 2014. Figure 5.

うに、軽度の者は次第に利用できなくなってきていることである（第 4 章 2 (2) 参照）。限られたケア資源をより必要度の高い者に優先的に配分するという意味では合理的な考え方ではあるが、従来であれば利用できた者が公的サービスから排除されることとなり、利用できる者との格差に対する不平等感が大きくなっているのである。ちなみに、看護ニーズがあるためにナーシングホーム等に入所している場合の看護費用は NHS から支払われるため無料なのに対して、施設に入所しても一般的なケア費用は原則実費負担という負担ルールの違いも、国民の誤解とはいえ、社会問題化しやすいところであった。[75]

　これら第 1 の資産要件と第 2 の認定基準の重点化の結果として持ち家売却も含めたケア費用の負担が重くなってきたことに加え、さらに国民に不満を募らせたのは、第 3 に、ケア・ニーズの認定だけでなく、認定後に受けられる自治体からのケア・サービスの内容、費用徴収の運用等も既に第 3 章 1 (1) で述べたように自治体に裁量の余地があるので、郵便番号による運不運（postcode lottery）とまでしばしばいわれるようになった地域格差があること

である。

(2) 労働党政権による検討

　持ち家の売却は社会的にも大きな問題となっていたことから、1997年5月の総選挙公約で見直しを掲げていた労働党政権は、1997年12月には「高齢者の長期ケアに関する王立委員会」(Royal Commission on Long Term Care) を設置して検討に着手した。しかし、同委員会はNHSによる医療・看護の費用だけでなく、生活費と住宅費を除くパーソナル・ケア (personal care)[76] の費用も無料にして公費負担すべしという大胆な勧告 (Royal Commission on the Funding of Long Term Care, 1999) を1999年3月に行ったのに対し、労働党政権は、膨大な財源を必要とすること、既に費用負担のない低所得者等に対する支援にはならないなどの理由で公費負担の路線は取らなかった。その代わりに、当時はケアホームの入所後8週間経過すると費用が本格徴収されていたルールを12週間に延長するとともに、看護ニーズがあると認定された部分にはNHSから費用を賄って本人負担を無料とする登録看護ケア手当 (Registered Nursing Care Contribution) を導入する (2001年10月から) などの小幅な対策を行うにとどまった。

　案の定、持ち家売却に象徴されるケア費用の負担問題は収拾せず、労働党政権は政権末期になってようやく本格的な検討に着手した。その背景には、今後の人口高齢化、国民の介護意識の変化等によりケア費用が増大し、いずれ財政問題になるという危機意識があったことは、当時の政府文書から感じることができる。すなわち、労働党政権は、改革の方向に向かってようやく2008年5月に協議文書 (HM Government, 2008a) を発表して各方面から意見を募り、翌2009年11月の緑書『将来のケアを共につくる』(HM Government, 2009) では、「ラディカルな改革が必要」だとして慎重姿勢を転換し、税方式で財源を確保するとともに国と国民で費用を分担するパートナーシップ方式、民間ケア保険商品による任意の保険方式、何らかの社会保険料類似の負担を強制的に求める一方でケア・サービス利用時の負担は無料とする包括方式等の複数の財政方式の選択肢を具体的に提案した。さらに白書『国民ケ

ア・サービスの構築』（HM Government, 2010a）では最も支持の多かった包括方式を採択することとし、対応のピッチを早めた。しかも、ブラウン首相（当時）は、総選挙を意識したかのように対策を先取りし、最も重度のケアを必要とする者が在宅で受けるパーソナル・ケアの費用を無料化する方針を2009年9月の労働党大会で打ち出して関係者を驚かせ、総選挙直前に2010年在宅パーソナル・ケア法（Personal Care at Home Act 2010）を制定させるところまで改革を進めたが、政権交代により仕切り直しとなった。

(3) 連立政権による見直し

2010年5月の総選挙において、保守党は、ケア費用の負担を広く求めようとしていた当時の労働党ブラウン政権の見直し案を「死への課税」（death tax）とまで党マニフェスト（Conservative Party, 2010）で酷評したが、何らかの形で収拾せざるをえないという問題意識では保守・自民連立政権の方針は一致した。そこで、連立政権は、ケア費用負担のあり方についてあらためて検討することを2010年5月の連立政権合意文書（Cabinet Office, 2010）に盛り込むとともに、2010年在宅パーソナル・ケア法の施行はお蔵入りとした。そして、同年7月、ディルノット（Dilnot A.）を委員長とする「ケア・支援の財政に関する委員会」を設置してその検討に委ね、翌2011年7月4日には報告書（いわゆるディルノット報告、Dilnot Commission, 2011）がまとめられた。

ディルノット報告では、第1に、最も注目された費用負担のあり方について、生涯ケア費用負担上限額（キャップ）方式を提言した。つまり、個人と国家のパートナーシップという考え方に立ち、高齢者にケア・サービス利用に伴う生涯費用の一定額までは自己負担を求めつつ、それを上回る費用は公的に（自治体が）負担するという方式である。その上限額について、委員会は35,000ポンドの水準を提言した。第2に、持ち家売却問題の改善策として、施設ケアの費用が全額自己負担となる保有資産の水準を24,250ポンド（当時）から10万ポンド（資産保有額分布の下から概ね5分の1水準）に引き上げることを提言した。第3も、持ち家売却問題を意識した見直しで、生前は自治体からの低利融資を利用して施設ケアの入所費用を負担し、死後の遺

産処分の際に精算する仕組み（deferred payment）の全国的導入である。そして第4に、一連の負担方式の前提として、自治体により異なっているケア・ニーズ認定基準の全国統一（national minimum eligibility）を求めた。

　提言の2から4は、労働党政権時代から関係者の大方一致した見直しの方向に沿ったものであった。これに対しキャップ方式は、通常では負担することを期待できない途方もなく巨額な費用（キャタストロフィック・コスト）は公費で負担するという、従来にはない斬新な案であった。「自由・公正・責任」という連立政権の掲げた政治理念にも合致する構想であり、政府は趣旨には同調するとの見解をたびたび表明したが、具体案の提示は決して迅速とはいえなかった。ディルノット報告は、キャップ方式（35,000ポンド水準）の導入だけで17億ポンドが必要と試算したものの、負担能力のない者に減免し、そのミーンズテストの上限額等も引き上げるとすれば、多額の追加財源が必要と考えられたからである。[77] このため、財政再建を至上命令とする連立政権は具体案については一貫して慎重なスタンスをとり、翌2012年7月の白書『将来のためのケア：ケア・支援の改革』（HM Government, 2012a）と併せて検討の進捗状況報告書（HM Government, 2012b）が発表されたものの、認定基準の全国統一、施設入所費用支払い繰延べ制度の全国実施（いずれも2015年度導入）、個人予算の拡大等を打ち出すにとどまり、キャップ方式についての具体案は盛り込まれなかった。

　ようやく2013年2月になって、ハント保健相（当時）が具体的なキャップ水準を示して2017年度から実施することを明らかにし、[78] さらに同年3月発表の「2013年予算」（HMT, 2013）では1年前倒しして2016年度から実施することをオズボーン財務相が表明し、それを踏まえた諮問文書が保健省から発表されてキャップ水準等が本決まりとなった（DH, 2013d）。懸案であったキャップ方式の上限は72,000ポンド（2010年度価格で、ディルノット報告が提案した35,000ポンドに対し60,000ポンド相当）に設定され、併せて、施設ケア費用が全額自己負担となるミーンズテストの上限額は118,000ポンドに引き上げられることとなった。さらに、在宅ケア費用の負担上限も27,000ポンドへと若干引き上げられ、併せて施設・在宅を問わず評価の対象とならな

い資産下限も 14,250 ポンドから 17,000 ポンドに引き上げられることとなった。

　なお、ケア・ニーズ認定基準の全国統一に関しては、ディルノット報告は保健省が当時示していた 4 段階のうち 2 番目に重度である substantial 相当の基準を当面採用することが適当であると勧告し、ほとんどの自治体が substantial 又はそれより重度の認定基準を採用していたこと等を踏まえ、概ね substantial 相当の認定基準にされることとなった。

　懸案であったこれらの見直しに要する財源は、結局、相続税の非課税限度額（単身 32.5 万ポンド、夫婦 65 万ポンド）を 3 年間凍結するとともに、2016 年度に予定されている公的年金のフラット方式化に伴う適用除外制度の廃止から生じる国民保険料の増収で賄うこととされた（HMT, 2013）。[79]

2　法律委員会による検討

　一方、英国の成人社会ケア分野の法体系の課題を包括的に検証し抜本的に見直す作業も、2008 年から法律委員会で着手された。第二次世界大戦後 60 年を超える年月の中で、ケアマネジメントの整備、介護者支援の推進、個人予算方式の普及等の様々な政策展開の結果として、基本法である 1948 年国民扶助法を含めて 30 本を超える関連法律が入り組むパッチワーク状態となり、利用者、介護者、ソーシャルワーカー等の関係者にも極めて分かりづらくなっていたからである。法律委員会は、まず 2008 年 11 月に現状と改革に向けての論点を検証報告書（Law Commission, 2008）としてまとめ、次いで 2010 年 2 月に諮問文書（Law Commission, 2010）を発表して意見公募を行い、提出された意見を踏まえた考察を加えて最終報告書（Law Commission, 2011）を 2011 年 5 月にまとめた。3 年がかりの検討は、高齢者、障害者等を含む成人社会ケア分野全体の法体系を対象とする包括的な作業であったが、成人社会ケアの関係法令を一本の法律にすべきという勧告は 76 項目にわたる勧告の中でも最も抜本的であり、これは政府の方針とも一致し、長年の懸案は 2014 年ケア法として結実することとなった。

勧告の中でも主要な項目は、第1に、ケア・支援を必要とする高齢者等に対するニーズの認定基準の標準化である。保健省は、自治体における認定の統一性を確保するため、4段階（critical、substantial、moderate、low）の基準のうちいずれかに準拠するようガイドラインを以前から策定していたが、自治体による運用の違いが認定から排除される者や住居を移転する者に混乱、不都合を生じさせていたからである。これは認定基準自体というよりも、背景にある自治体の財政逼迫に由来する面が強いが、いつまでも未解決にしておけない懸案であった。そこで、法律委員会としては認定基準の標準化という方向性を固めていたが、既に政府も同じ方針で見直しを進めることを明確にしていたため、勧告には盛り込まれなかった。ちなみに、法律委員会の最終報告書に対する政府の応答文書（DH, 2012b）と同日に発表された政府の「将来のためのケア：ケア・支援の改革」も、認定基準の全国標準化を明確に打ち出している（HM Government, 2012a, p.32）。

　第2は、介護者のニーズ評価と支援を受ける権利の強化である。介護者がニーズ評価を受ける権利は特別立法により徐々に確立されてきていたが、従来は、介護者からの申請を踏まえて評価が行われ、自治体が介護者ニーズの評価を行う義務があるのは介護者が「恒常的に相当程度のケアを行っている」場合とされ、その解釈や運用にあいまいさ、バラツキがあった。検討の結果、介護者からの申請がなく、またケアを受ける高齢者等が望んでいない場合であっても介護者がニーズを有していると見受けられる場合は自治体に評価を行う義務があること、介護者が行っているケアの程度や高齢者等がケア・ニーズの認定を受けているかどうかに限らないこと、が勧告された。いわば自分の権利として介護者にニーズ評価を受けることを保障しようという考え方である。さらに、それまではニーズ評価に続く介護者に対する具体的な支援は自治体の権限にすぎず義務ではなく、介護者が実際に利用できる支援の内容や量は自治体の裁量によって異なっていた。検討の過程で自治体への財政影響等を懸念する意見もあったが、法律委員会は、政府による介護者ニーズ評価の認定基準の策定と自治体に対する介護者支援の義務化を勧告した（Law Commission, 2011, paras.7.13-7.17）。

その他の事項としては、成人社会ケア分野において推進すべき最も重要な基本理念として個人の「福祉」（well-being）を明確にし法律中に規定すべきこと、情報、助言、支援サービスの提供とケア市場の推進整備等を自治体の責務とすること、政府が近年推進してきた個人予算について法律上の拠り所を置くこと、また、高齢者の虐待や遺棄（abuse or neglect）に関連して、従来の個別法やガイドラインに依拠するだけではなく、単一の法律の中で自治体が高齢者保護の中心的な責任者であることを明確にするとともに成人権利擁護委員会を設置し、自治体に虐待等に関する調査実施義務を課すこと、などが勧告された。

3　2014年ケア法の概要

　連立政権は、法律委員会の最終報告書の勧告のほとんどを受け入れるとともに、既に2012年7月の白書『将来のためのケア：ケア・支援の改革』（HM Government, 2012a）で示していた方針とディルノット報告（2011年7月）を踏まえた新しい費用負担方式を盛り込んだケア・支援法草案（Draft Care and Support Bill）を2012年7月にまとめた。その後関係方面とのコンサルテーションを経て国会の合同委員会で事前審査（pre-legislative scrutiny）が行われたが、その過程でフランシス報告（2013年2月）に厳しく指摘されたケアの質の確保のための体制を強化するために「ケアの基準」という第2部を法案に追加し、2013年5月には修正後の法案がケア法案（Care Bill）として上程された（DH, 2013b）。

　いずれにせよ、2014年5月に成立した2014年ケア法は、保健医療サービスに関連する部分もあるが、成人社会ケアの関連法律を統合し、高齢者等のケア・サービスの基本体系について約60年ぶりに新しい総合法として再出発するもので、主要部分は2015年4月から施行されている。以下では、第2段階で実施予定のケア費用負担関連（第3章3参照）は別として、高齢者ケアに関連する主要な項目について紹介する。[80]

[一般原則] 基本理念

　自治体が成人社会ケアの行政を遂行していくうえで拠り所とすべき基本理念として、個人の「福祉」(well-being)の推進を掲げ、これを自治体の一般的な責務の第1として定めた（法1条）。成人社会ケアの分野では、児童ケア分野における「児童の福祉」や精神保健分野における「基本原則」に相当する理念が法定されておらず、基本理念が必ずしも明確でなかったからである。「福祉」の厳密な定義までは定められていないが、その意味するところとして、個人の尊厳、心身の福祉、虐待・遺棄からの保護、日常生活の自己コントロール、仕事・教育・訓練・余暇への参加、社会的・経済的な福祉、家庭内や個人の人間関係、住まいの適切さ、社会に対する役割が例示されている（法1条2項）。

[自治体の一般的な責務]

　個人の「福祉」(well-being)の推進に加え、ケア・支援ニーズの予防、保健医療サービス等との連携、情報・助言の提供、サービスの多様化・質の向上、他の自治体や関係機関との協力が自治体に課される一般的な責務として定められている（法2～7条）。

　特に、サービスの多様化・質の向上（法5条）は、自治体がケア・サービスの直接提供者から購入者へと立場を大きく転換した状況を踏まえ、自治体のケア市場整備（market shaping）の役割を初めて法律で規定し、地域住民が多様で質の高いケア・サービスにアクセスできるようケア・サービス市場の効率的・効果的な運営を推進する責務を自治体に課すとともに、自治体がその責務を遂行する際には、ケア事業者の情報の把握・提供、現在及び将来のケア・サービスに対する需要の把握と事業者による充足、ケア市場の持続可能性、ケア・サービスの質の向上、ケア人材の養成等を考慮すべきことを定めている。このうち「ケア市場の持続可能性」は、具体的には例えば自治体からの料金が低すぎるなど、自治体の委託契約がケア・サービス事業者の経営の持続性等にネガティブな影響を与えないように考慮すべしという趣旨であり、そのことがガイドラインで示されている。[81]

[ケア・支援ニーズの認定と支援]

　ケア・支援ニーズを有すると見受けられる高齢者等について、そのニーズ評価（法9条）、認定に基づく支援サービスの提供（法18条）を自治体の義務として定めるとともに、これらに関する手続きや基準を明確化し、1948年国民扶助法をはじめとする多数の関連法の規定を一つにまとめ法整備した[82]。

[介護者のニーズ評価と支援]

　介護者がニーズを有していると見受けられる場合は（介護者からの申請がなくても）自治体に評価を行う義務を課すとともに、その義務は介護者のニーズの度合いに関係ないことを明確にした（法10条）。そのうえで、ニーズを有すると認定した介護者を自治体は支援しなければならない義務があることを定めた（法20条）。これは、介護者に対する支援は自治体の権限にとどまっていたものを、自治体の義務にしたものである。これにより、介護者も要介護者と同等の法的な権利（same legal footing）を認めていこうという趣旨であり（DH, 2013b, p.10）、法律全体を通じて介護者は高齢者等の本人と併置される位置づけとなり、ケアを担う介護者が必要な支援を受ける権利は強まった。

[個人予算]

　近年政府が逐次力を入れて普及を図ってきた個人予算について、法律上の拠り所が設けられた（法26条）。また、直接給付の利用についても、要件が定められた（法31条）。

[権利擁護]

　虐待や遺棄の恐れがあると懸念するに足りる理由がある場合、必要な措置をとるために照会を行わなければならない義務を自治体に課すとともに、各自治体に関係機関で構成する「成人権利擁護委員会」（Safeguarding Adults Board）を設置し、対策のための審議、計画策定を行うとともに、深刻な事案については検証することを求めることとした（法42条他）。

[事業者の経営難]

　事業者が経営難に陥りサービス提供が困難になった場合には、自治体が一時的に利用者のニーズに対応すべきこととした（法48条）。但し、事業者の規模、地理的配置、種別により個別自治体だけでは代替するのが難しい事業者についてはケアの質委員会が事業者の財務の健全性をモニターし、持続可能性に重大なリスクがあると判断した場合には一定の措置をとるとともに、事業継続ができないと判断した場合には自治体に一時的に責務を遂行するよう要請する仕組みとしている（第5章4参照）。

[誠実基準]

　病院等における不適切な運営、自浄能力の欠如等に対処するため、フランシス報告の勧告を踏まえ、誠実で透明な運営が行われるような体制整備義務を課した（具体的な基準は、別法に基づく規則によって定められる）（法81条）。

[ケアの質委員会]

　従来の監査監督等の役割に加え、あらためてパフォーマン評価業務を行うことを明確にした（法90条）。

4　2014年ケア法の実施

(1) 新たなケア・支援ニーズ認定の実施等

　2014年ケア法は、第2段階のケア費用負担関連は別として、既に2015年4月から実施されている。従来の多数の法律を約60年ぶりに一本化しただけでなく、高齢者等や介護者に対する新たなケア・支援ニーズ認定基準の導入による業務変化、介護者や従来は私費契約利用者であった者に対する新たな支援に必要な経費増加など、自治体にとって実質的に大きな業務負担を伴う大転換である。ケア・支援ニーズ認定基準の適用には経過措置が設けられたこともあり、[83] あまり大きな混乱はおきていないようであり、自治体協議会による2014年ケア法の実施状況アンケートでも、回答自治体の89％が概

ね計画と同じペースで業務変化に対応していると回答している（LGA, 2015）。

　一見順調な船出のように見え、どのように定着していくかについては一定期間経過してからの検証作業を待つしかないが、財政面で大きな不安材料を抱えていることは指摘しておかなければならないであろう。というのも、第1段階の施行の準備状況等について監査を行った会計検査院は、実施準備は良好に進められてきたと評価しつつも、実施のための費用面で自治体が大きな不安を抱えていると警告しているからである（NAO, 2015）。タイトなスケジュールにもかかわらず関係者とのコンサルテーションを入念に実施し、関連業界等も巻き込みながら準備作業を進め、自治体の99%は2015年4月からの実施に自信を示している、と保健省の取組みを確かに評価している。しかし反面、新法の施行に必要な経費の確保については、自治体が財政節減を求められている真っ只中にもかかわらず、需要の推計や費用の見込みが甘いため自治体が予算不足に陥りかねず、結果として事務処理が滞れば申請者から法的措置をとられる懸念もあると指摘し、影響を最小限にとどめるために、需要パターンが落ち着くまで各自治体の実施状況をモニターするとともに、第2段階のための時間や財政措置を最大化するよう勧告している。

　会計検査院の懸念は、具体的には対象者数と単位費用の見通しの甘さ（過小評価）に起因する予算不足である。まず、対象者数に関して特に問題となるのは、介護者と私費契約利用者である。たしかに、今までは特別法があるにもかかわらず介護者ニーズ評価を申請する者は少なかった（第8章3（1）参照）。しかし、新法ではニーズ認定の基準が緩和され、介護者ニーズ評価を実施することは自治体の義務となり、ニーズがあると認定された者は支援を受けられることとなったので、介護者からの申請や利用は大きく増加する可能性がある。また、これまで一定以上の資産を保有する者は、自治体の認定を受けてもほとんどメリットはなかったため私費契約利用者となり、その実態は民々関係の中で必ずしも明らかでない部分があった。しかし、ミーンズテストの上限が引き上げられると今まで自治体との接点が少なかった私費契約利用者も相談やニーズ評価を申請し、さらにミーンズテスト上限以上の資産を有する者も、将来の公費負担を期待して標準料金の支払い状況をケア

勘定に記録することを希望するかもしれず、ケア勘定の管理業務も膨大になる可能性がある。施設ケアについては私費契約利用者の状況はある程度把握されているものの、在宅ケアの場合は実態があまりつかめていないのが実態である。次に、必要経費を算定する前提となる自治体の単位費用の見通しについて、保健省は中位値に着目して大規模自治体に偏った単価を用いているため、単価が過小評価されている恐れがある、と会計検査院は指摘している。

　一方、必要となる財政措置についてであるが、保健省は確かに 2014 年ケア法施行のために自治体に 4 億 7,000 万ポンド（2015 年度）を配分したが、その相当部分は新規財源ではないベターケア基金からの資金であって、しかも自治体への一般財源なので自治体の予算編成に左右され、必ずしも期待できないとしている。いずれも、保健省の見通しの甘さを指摘したもので、自治体が現実に大幅な経費削減に直面している状況の中で、現実的な法律施行のスケジュールを組むよう警告する趣旨の指摘といえよう。当事者である自治体協議会もかねてから成人社会ケアの予算不足をたびたびうったえているが、さらに下院の会計委員会でも 2014 年ケア法の施行に必要な新たな自治体業務負担量を検証するとともに予算制約を踏まえた現実的な施行スケジュールを組むことなどを勧告した（HC Committee of Public Accounts Committee, 2014）。

(2) キャップ方式の延期

　会計検査院等が指摘した自治体の予算不足という不安は、間もなく的中する事態となった。2015 年 7 月 17 日になって、第 2 段階のケア費用負担関連部分の施行を 2020 年 4 月まで延期する方針を政府が唐突に表明したからである（ミーンズテスト上限額の引上げも併せて延期された）。直前 5 月の総選挙の保守党のマニフェスト（Conservative Party, 2015, p.3, p.65）ではその実施を公約したばかりであっただけに、関係者を驚かせた。これは予算不足による実施困難を懸念する自治体協議会からの要請文書（2015 年 7 月 1 日）にバート大臣（ケア・支援担当）が 7 月 17 日に回答する文書[84]で示された方針転換であり、政府は上下両院にも直ちに文書による声明を発表した（House of Lords:

Written Statement (HLWS1 35,17 July 2015)[85] と House of Commons: Written Statement (HCWS1 45,17 July 2015)[86]）。それによれば、キャップ方式の実施と民間保険市場の支援のためには向こう5年間に60億ポンドが必要であるが、財政緊縮に取り組んでいる状況下、とりわけ民間保険市場が期待どおり発展していくという見通しがない中で、そのような経費を要する新しいコミットメントを行うのは適切な時期ではないとし、自治体からの要請に応えてキャップ方式の実施を2020年4月まで延期するという困難な決定を行ったと釈明している。そして、決して軽々に出された結論ではなく自治体の真摯な懸念を考慮した結果であることを強調している。また、書簡では資産がミーンズテスト水準を超える私費契約利用者に関する業務と不服申し立て制度も延期し、私費契約利用者への適用がケア市場やキャップ方式に与える影響についてその間に検討するとしている。そして、延期されたこの期間に新制度への十分な準備を行うとともに、老後への備えに関する新たな支援策を検討するとし、例えば2015年4月に導入された年金の柔軟化（pension flexibilities、第10章2参照）は金融業界と新商品の開発に向けて協働する好機であり、その検討のため保険業界や関係省庁の閣僚と緊急の会議を持ちたいと述べている。

　バート大臣の書簡によるかぎり、延期の主たる理由は、中央・地方政府を取り巻く現下の厳しい財政事情と民間ケア商品開発までに必要な時間的猶予に要約される。ただ、財政緊縮は保守・自民連立政権からの路線の継承であり、ディルノット報告以来慎重に時間をかけて検討したうえで政治的に決断されたキャップ方式であるから、2015年7月に打ち出された全国生活賃金構想が財政状況の新たな逼迫要因として懸念されているにしても、やはり唐突感は否めない。書簡が最後に言及している民間保険商品の開発のための検討はたしかにかなり具体的である。かねて保守党は民間保険商品方式を打ち上げ、ディルノット報告も期待していただけに、なんとかこの機会に見通しをつけてキャップ方式と同時に導入したいという政府の強い意向であろう。しかし、新しい保険商品が短期間で大きな規模に成長することは想定し難いことを考えれば、これが決定的な理由とはいいがたいであろう（次節参照）。

　このように延期の理由はいくつか考えられるが、やはり、法施行第1段階

に関して会計検査院等が予算不足を懸念していたように、当面の財政措置の見通しが困難というのが最大の理由であろう。それに関連して、新法への移行に伴い、今まで内在していた矛盾が顕在化するという点も指摘しておく必要があろう。私費契約利用者の適用が今回延期されたことで明らかなように、実態はある程度推計されているものの、会計検査院（NAO, 2015）も指摘しているように特に在宅ケアの場合は把握が不十分で、ミーンズテストの上限が引き上げられて公費負担対象者に移行する場合、追加的に必要となる予算や業務負担が想定を超える規模になる恐れがあるのである。さらに、ミーンズテスト上限額を超える資産を保有している者も、キャップ方式の導入により、将来の公費負担を期待してキャップ水準まではケア費用をケア勘定に記録しておくメリットが生じるので、相当数が自治体にニーズ評価の申請を行うことが予想される。ちなみに、2014年ケア法では、従来のように公費でケア・支援サービスを利用する者だけでなく私費契約利用者にも自治体は情報提供や助言を行うことが役割となった。一定以上の資産保有者は今まで自治体とほとんど接点がなかったことと比べると、自治体の業務負担は一気に重くなる可能性が極めて大きいのである。

　それだけではなく、ケア勘定で記録管理するのは自治体が支払うべき標準料金であり、例えば高齢者がケアホームに実際に支払う料金はそれよりも高いことが明白になるので（ホテルコストも含め）、料金差がサービス差によるものであれば疑問は生じないかもしれないが、自治体や事業者はその説明に苦慮することになるかもしれない。既述のように、自治体がケアホームに支払う料金は実費を賄うのが困難なほど抑制されており、ケアホーム事業者は自治体からの委託費用では経営が成り立たないため、似たような入所環境の私費契約利用者に高い料金を設定して帳尻合わせ（cross subsidy）を行っていることはケアホーム業界の慣行とでもいうべき実態となっているからである。しかも、同じケアホームに対する標準料金が自治体ごとに異なる可能性もあるので、一層やっかいである。ちなみに、2014年ケア法では、ケア市場の持続可能性を考慮すべきことも自治体の役割であると規定されたので、実費に値する料金をケアホーム業界が求めれば自治体、ひいては中央政府は

(参考) 2014 ケア法の歩み

2008 年 5 月	労働党政権が改革のための協議文書を発表
2008 年	法律委員会による検討開始
2009 年 7 月	労働党政権による緑書『将来のケアを共につくる』
2010 年 3 月	労働党政権による白書『国民ケア・サービスの構築』
2011 年 5 月	法律委員会による最終報告書
2011 年 7 月	ディルノット報告
2012 年 7 月	保守・自民連立政権による白書『将来のためのケア:ケア・支援の改革』
	法律委員会最終報告書に対する保健省の応答文書
	ディルノット報告に対する政府の進捗状況報告書
	ケア・支援法草案提出
2013 年 2 月	保健相がキャップ方式の 2017 年度実施を表明
2013 年 3 月	財務相がキャップ方式の 2016 年度前倒し表明
2013 年 7 月	保健省が改革案について諮問文書を発表
2014 年 5 月	2014 年ケア法成立
2015 年 4 月	2014 年ケア法の第 1 段階の施行開始
2015 年 6 月	会計検査院の報告書「ケア法第 1 段階の改革」
2015 年 7 月	保守党政権がキャップ方式の延期を表明

(出所) 筆者作成。

苦境に立つことになる可能性もある。ケアホーム事業者の中には、公費負担利用者とは一見差別化したような入所環境を設定して別料金を正当化していこうとする混乱回避的な便法を模索する動きもあるようであり、問題は根深くその解決は一筋縄ではいかないように見受けられる。

　ただ、今回の方針転換に関しては関係者のスタンスも分れている。報道も含む多くの関係者(論者)は、翌年度からの施行を目前に控えた土壇場になって方針を覆したことを約束違反と非難するとともに、長年の懸案が事実上棚上げされてしまうのではないかと危惧あるいは失望を表明している。他方、実施に不安を表明していた自治体関係者だけでなく、延期方針への歓迎論者もいないわけではない。例えば、Age UK は、大規模な予算を伴う新たなコミットメントに踏み込む前に財政削減に苦しんでいる自治体の今の状態をまず立て直すべしという立場から、延期は賢明な判断だと歓迎している(Jarrett T., 2015)。いずれにしても、自治体の予算状態が極めて厳しい状態にあることは関係者が一致して認識しているところである。したがって、延

期の主たる理由を特定することはできないが、今回の政府の判断は、新法施行に向けての自治体への財政措置等が決して万全でなく、ただでさえ財政、業務負担に圧迫されている自治体に少なくとも現時点では無理をさせられない、ということが自治体の単なる杞憂ではなく、政府も認めた格好になったといえるのではなかろうか。

第10章 民間保険商品への期待と検討

　保守・自民連立政権が鋭意進めてきたケア費用の新しい負担方式（キャップ方式）は、施行を目前に控えて保守党政権が唐突に延期の決定をしてしまった。もともと保守党は、高齢者の持ち家を守るために保険料一括払いによる民間保険方式（任意）の導入を主張していた経緯もあった。特に財政再建に至上命題として取り組んでいるこの時期であればなおのこと、保守党政権にはキャップ方式という公的な保険スキームと併せて民間市場で様々な保険スキームが誕生することへの期待は強いのであろう。

　それを裏付けるように政府と金融サービス業界を交えたワーキンググループでの検討が進められ、保健省と英国保険業協会のハイレベルの共同宣言も発表されている。ただ、新しい金融商品の開発に向けた取組みに共同歩調をとっているように見えるものの、金融サービス業界の慎重な姿勢も見え隠れする。民間保険商品開発の前提になっていたキャップ方式の行方が不透明になった状況で、政府の思惑どおり今後スムーズに展開するかどうかは予断を許さない。

1　民間保険商品への期待

　長年の懸案であったケア費用の負担問題に道筋をつけた連立政権は財政再建を至上命題として推し進め、また保守党は、もともと2009年に任意加

入の民間保険商品による住宅保全スキーム（Home Protection Scheme）を打ち出したこともあったので、連立政権は民間保険方式も選択肢の一つとしてディルノット委員会に検討することを期待していたことはいうまでもない。ディルノット報告も、キャップ方式が導入されれば個人の生涯負担の上限と政府支援の出動ラインが明確になることなどから、ケア費用を対象とする金融商品の需要・供給の双方が刺激されることを期待し（Dilnot Commission, 2011, p.39)、具体的な対策を検討するためのワーキンググループの設置を提言した。政府が期待しているのは、民間保険会社によるケア保険商品と住宅資産の活用であるが、その後の保健省の諮問文書（DH, 2013d, paras.194-199）でも、2016年までに登場することが考えられる金融サービス産業による様々な金融商品として、ケア費用終身年金（Care Annuities）、医療・生命保険に付随した保険商品、エクイティ・リリース（Equity Release）や年金ベース商品を例示している。連立政権は、キャップ方式と併せて自己負担の判定基準となるミーンズテストの資産上限額の引上げ等にも踏み切ったわけであるが、同時に一定以上の資産等保有者がケア費用を捻出、調達するための民間の様々な新しい選択肢に期待していたとしてもまったく不思議はない。

　後述のようにその後保健省内にワーキンググループが持たれ、また、新商品の開発に向けてハイレベルの合意文書が締結され、保険業界の声明文書が発表されていることから、一歩一歩進んでいるようにも見える。そして今回の施行延期の理由としてバート大臣（ケア・支援担当）の書簡には、保険業界と緊急会議を持つとまで具体的に言及してあるので、なんとかこの機会に民間保険商品の見通しをつけたいとする政府のなみなみならぬ意向を示しているといえよう。と同時に、施行が4年間延期されたことは、まだまだ課題が多く、キャップ方式を補完する民間ケア保険商品開発への検討が順調に進んでいないことに対しての苛立ちを示しているとも考えられる。

2　民間ケア保険商品

　民間保険会社によるケア保険商品は、保守党政権が最も期待している民間商品の一つであるが、現実には、英国では、かつて販売されていたケア保険商品の買い手需要が乏しいことから販売が伸びず、2010年には新規販売が中止されたという歴史がある。現在販売されているのは、ケアが必要となりケアホームに入所する場合にいつまで続くか分からない入所費用に備えるために保険料を一括して払い、その保険給付を充てる即時開始終身年金（Immediate Needs Annuities）という商品である。但し、事業を行っているのは2社のみ（Partnership Assurance と Friends Life）である。ケア保険商品の販売には、ケア市場の規模、保険期間の見通し等について不確定要素が多く、保険商品としてのリスクがそもそも大きいというネックがある。40〜50年先を見越して備えることを人々に説くことは困難であり、市場が小さすぎるというのがこれまでの英国保険業協会関係者の見解であり、市場に商品が出回らない背景にある。

　また、研究者等も懐疑的な見解が支配的であるように思われる。例えば、ロイドは、現に販売されている即時開始終身年金を購入しているのは私費契約利用者の4%にとどまり、市場規模の拡大を期待するには需要が小さすぎるという理由でかねてから否定的であり（Lloyd J., 2013）、下院保健委員会の参考人としても同様の意見を繰り返し述べている。市場が小さいことに関しては、同保険商品を今でも販売している Partnership Assurance 社の最高業務責任者（managing director）のホーリック（Horlick C.）も、下院保健委員会の参考人として、将来のケアのことを考える人々は少なく市場（需要）は小さいという理由で市場に新たな資金が入ってくることは期待できないと明確に答弁している。もっとも、同じく参考人となったディルノットは、増大する長期ケア費用には公私両方の負担が不可欠であり、金融商品の拡大を期待してキャップ方式導入やミーンズテスト引上げを提言したのであり、金融業界の大手には手ごたえを感じていると自信を示している（HC Health Committee, 2012）。

このような状況の中、保健省内部にもワーキンググループが設置され、金融商品のターゲットをセグメント化（現役世代、退職間近な者、退職者、ケアを必要としている者）するとともに、現に市場で販売されている商品を出発点としつつ柔軟に開発していく、というスタンスに立ち、実務的な論点が整理されつつある。[87] 一連の現状レビューを踏まえ、2014年1月に、国民が長期ケア費用への備えができるような相談支援体制の整備や金融市場の拡大に向けて条件整備のために協働していく旨の共同宣言[88]が行われたことは、その成果といえよう。ただ、併せて発表された英国保険業協会のまとめによれば、消費者の長期ケア保険商品に対する需要を喚起するためには、長期ケアに要する費用や公私負担の仕組み等に関する消費者の理解、適切な金融アドバイスへのアクセス、公的な費用負担制度が及ぼす影響、金融商品に対する規制、消費者の需要に関する調査等を重要なポイントとしてあげており[89]、実務的にクリアすべき課題は多々残っている。

　それに対し、保守党政権が特に期待を寄せている具体的な可能性の一つは、2015年4月から導入された確定拠出年金の柔軟化との連動である。もともと確定拠出年金は、受給できる年金額が経済環境等に左右されるため老後の生活設計上の弱点を有しているため、一定年齢まで積み立てた年金資金は確定給付年金に切り替えていくよう税制上の優遇措置がかねてからとられていた。ただ、そのルールには制約が多かったことから規制緩和が段階的に進められ、2015年4月からさらに多様な選択が設けられ、確定拠出型年金からの切替えが柔軟化された。つまり、企業年金を積み立てていった場合、従来は年金課税上、取崩しに一定の要件を設けていたが、連立政権はその要件を緩和し、55歳以上になれば25%の範囲内で非課税で一時金化できるように、個人の資金需要に応じて柔軟に取り崩しができるように制度改正を行った（Thurley D., 2015）。また、確定拠出型年金の場合、2014年3月より以前は、全額を一括金（Lump Sum）で受け取ると55%税率が適用され、60歳以上で積立額が小額の場合や必要に応じて毎年一定額以内を引き出していく方法（Drawdown）は選択肢として例外的にあったものの、加入者の年金資産保全のため、非課税措置により終身年金（Annuities）に切り替えることを55

歳以降になると促す仕組みであった。2014年4月からは、例外的な選択肢において、全額一括受給可能な積立額や毎年引出し可能額が引き上げられ、確定拠出型年金の柔軟性が高められた。

　新方式によれば、確定拠出年金積立金の取崩しが柔軟化され、老後に備え多様な選択肢が拡大することとなったため、主要な使途の一つとして民間ケア保険商品の開発が期待できるわけである。ただ、英国保険業協会の取組み宣言の直近版（Association of British Insurers, 2015）では、引き続き啓発に向けての政府のキャンペーン、相談支援、助言活動における自治体の役割等の重要性等を念押しするとともに、年金分野の規制緩和が商品開発にプラスに作用することを歓迎しつつも、それが各世代の消費者に与える効果が見えてくるには時間がかかるので市場の進展には時間がかかる、と依然として慎重な姿勢をとっている。

　これまで整理されたことを踏まえて、さらに検討が進められていくと思われるが、その際に、英国アクチュアリー協会が既存及び新規の保険商品の実現可能性について数理的な観点から最近行っている比較分析（図表10-1）も参考になるかもしれない。つまり、保険商品のターゲットはミーンズテスト上限を上回る資産等を持っている者ではあるが、同協会は、単一の保険商品ですべてのニーズを充足することはありえないという立場に立ち、今後の商品の改良等により潜在的な市場にも変化があると留保しつつ、損害保険、年金原資取崩し（インカム・ドローダウン[90]）、年金ケア基金、傷害付帯保険、即時開始・据置終身年金（Immediate and Deferred Needs Annuities）、多様な終身年金の6種類の選択肢を俎上に載せてそれぞれのメリットとデメリットを分析し、制度・資産と収入の多寡によって市場の中で各々の守備範囲があるという整理を行っている。

　そのうえで、資産・収入ともに少ない者は、公的な支援を受けられるので対象とはなりにくいのに対し、資産・収入ともに多い者は公的な支援を受けられないので資産・収入を有効に活用して相続資産を最大化し、あるいは余裕の範囲でサービスのグレードを上げたり選択肢を増やしたい場合は民間ケア保険商品が魅力的なものになることが期待できる、と指摘している。た

図表 10-1　収入・資産プロフィールに対応した保険商品の潜在的な受給者

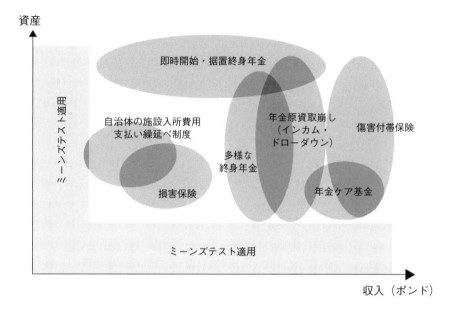

（出所）Institute and Faculty of Actuaries, Pensions and Long Term Care Products Research Group, 2015, Figure 7.

だ、資産・収入の組合せの中で新商品開発に関して最も期待できそうなのは、ケア費用をある程度工面することはできてもグレードアップする余裕のない「低資産・高収入」層（候補商品は、収入の多さによって図表 10-1 下段の右から左の選択肢）と施設入所費用支払い繰延べ制度や即時開始・据置終身年金によって資産保全が可能になる「高資産・低収入」層であろうと結論づけている。

　いずれにせよ、民間保険商品開発の前提になっていたキャップ方式の行方が不透明になった状況で、保守党政権の意欲は強いとはいえ保険業界と調整して新商品を開発していく余地はあるのか、今後の動向が注目される。

3　エクイティ・リリース

　住宅資産を活用して不測の事態等に備える金融商品の代表例はエクイティ・リリース（Equity Release）であり、リバース・モーゲッジとも呼ばれている。住宅に住み続けつつそれを担保に融資を受け、死亡や施設入所時に担保を処分されるという金融商品である。エクイティ・リリースのうち代表的なものは、住宅資産に抵当権を設定して融資を受けるライフタイム・モーゲッジ（Lifetime Mortgage）と、住宅資産（全部又は一部）を売却したうえでそこに住み続けるホーム・リバージョン（Home Reversion）である。

　エクイティ・リリースによる融資は、業界団体の資料によると、ピーク時の 2007 年は約 3 万件（資産額 12 億ポンド）の販売があったが、金融危機により大打撃を受けた（Equity Release Council, 2012）。しかし、住宅価格の回復等に伴って 2011 年あたりから回復基調が見られ、2014 年には年間販売件数が 2 万 1 千件を超えるとともに資産額は 2007 年を上回って 13.8 億ポンドに達している。概ね 3 分の 2 は分割引出し（Drawdown）方式、3 分の 1 は一時金（Lump Sum）方式のライフタイム・モーゲッジで、ホーム・リバージョンは極めて少ない（Equity Release Council, 2015）。かつて普及が停滞した大きな要因としては、1989 年に住宅価格が暴落して資産割れし、その経緯等から商品や事業者に対する国民の不信感が依然として根強いことがある。このため、ライフタイム・モーゲッジはモーゲッジの一つとして 2004 年 10 月から、ホーム・リバージョンは遅れて 2007 年 4 月から、消費者保護の観点から、商品に関する情報開示、専門知識を有する者による助言等を内容とする金融サービス機構（Financial Service Authority、現在は Financial Conduct Authority）による規制を受けることとなった（Williams P., 2012）。

　ケア費用の負担に対処するための住宅資産の活用には、既に紹介した自治体の施設入所費用支払い繰延べ制度がある。但し、この制度はミーンズテスト水準以上の資産価値を有している場合や在宅ケア費用は対象としていない。一方、エクイティ・リリース事業者による商品販売活動の適正化は徐々に進んでいるものの、ケアを必要とする高齢者等が適切な費用負担方法を選

択できるよう情報提供や助言の体制を整えていくためには自治体の役割が欠かせない。このため、保健省の住宅資産活用作業グループでは、エクイティ・リリースと施設入所費用支払い繰延べ制度、そのための事業者と自治体の協働枠組みについての検討が進められている（DH, 2013c）。

あとがき

　私が高齢者ケアの政策に特に関心を強めるようになったのは、現勤務校で教育研究に携わるようになった 2003 年から間もない頃からである。当時の介護保険制度は、順調な滑り出しを経てやがて財政問題に直面し、予防重視に舵を切ろうとしていた時期であり、介護資源を賢く使うという点で見直しの趣旨は理解しながらも、「社会による介護」という介護保険制度出発点の変質に違和感を持ち始めた。というのも、政策論が高齢者本人に対する介護給付の効率化・重点化という議論に終止し、そのことが介護者に及ぼす影響についての検討は後回しになっていた感があったからである。その頃たまたまピカードの論文（Pickard L., 2001）に遭遇し、それを手がかりに英国では介護者の「生活の質」を視野に入れた支援策が講じられていることを知って目を開かされ、これを契機に国内と英国の両方で介護者支援問題に関するリサーチをさらに進めることとなった。

　国内では、京都府乙訓地域で中核病院から退院する高齢者に対する地域での医療・介護の連携した地域ケアネットワーク作りのための研究活動を、地元の保健医療・福祉専門家の方々と共同で数年間行った。介護者のケア負担は、高齢者が医療・介護両面でのケアを必要とする時に最も大きいと考えたからである。この思いは高齢者施設と地域ケアネットワークとの連携という研究課題に形を変えて英国の高齢者ケアホームを調査研究するきっかけとなり、さらに英国の高齢者ケア政策全体に広がっていった。2010 年には勤務校から在外研究の機会をいただき、英国各地を半年間取材する機会にも恵まれた。

　これまでの 10 年余の研究の歩みについては、勤務校の研究紀要誌や『週刊社会保障』にいくつかの論文として発表しており、本書にも反映させているので、適宜参照していただければありがたい。それに加え、本書では、この機会に英国の高齢者ケア政策を大局的に総括してみたいという思いが強

くなったので欲張った挑戦をし、「ケア従事者の確保」もとりあげた。外国人・移民ケア労働者が多数を占める英国とわが国とではケア労働市場の構造はまったく異なるが、求められているケアの質とそのために必要なケア従事者の確保は密接不可分であると考え、リサーチ不十分を覚悟で追加した。案の定、英国で進められている厳しい財政削減は、自治体による事業量の圧縮だけでなく、ケア従事者の労働条件の悪化や確保難を招き、ケア・サービスの質に影響を及ぼしかねない状況になっていることを明らかにすることができた。もっとも、ケアの「質」に着目しながら、その評価の方法論等についてはほとんどとりあげられなかった。また、観察対象としたのはほとんど中央政府の政策であり、自治体での具体的な政策決定、運営等に関して欠落していることは自覚している。ともあれ、本書を手がかりに読者が英国の、さらに日英の高齢者ケア政策に関心を深めていただければ幸いである。

　なお、本書は、科学研究費補助金基盤研究（C）（平成22～24年度・課題番号22530644）に基づく成果の一部であり、同志社大学研究成果刊行助成（平成28年度）を受けて刊行の運びとなったものである。と同時に、本書の出版を快く引き受けていただいた明石書店の神野斉氏には、この場を借りてお礼申し上げたい。

　そして最後に、老いた実母に対する感謝も特に記しておきたい。ケアすることの大切さと難しさを、生身の問題として考えるきっかけをつくってくれたのは母だからである。

注

1 いわゆる英国は、イングランド、ウェールズ、スコットランド、北アイルランドの4カ国からなる連合王国であるが、本書では特に断らない限りイングラントを対象としている。
2 ONS, Statistical Bulletin, 23 September 2015, National Life Tables, United Kingdom, 2012-2014 (http://www.ons.gov.uk/ons/dcp171778_416983.pdf, 2015/10/20)
3 ONS, News Release, 16 February 2012, Average age of retirement rises as people work longer (http://www.ons.gov.uk/ons/dcp29904_256641.pdf, 2015/10/20)
4 高齢者には調理、洗濯等の日常生活上の支援だけでなく、歩行、排泄等の介助等を含めた福祉的支援、さらには病気の予防や治療等の保健医療サービスが必要となる。これらはいずれも広義では「ケア」という概念に含まれるが、本書における「ケア」は、特に断わらないかぎり、保健医療サービス以外の福祉的支援という意味で使用している。
5 スコットランドとウェールズでも概ね同様の行政構造となっているが、北アイルランドでは広域自治体の組織（トラスト）が保健医療行政と社会的ケアを一体的に担っている。
6 グリフィス報告のうち、自治体への補助金をコミュニティ・ケア推進のために使途制限するという提言は採択されなかった。
7 高齢者ケア支出の成人社会ケア経常支出に占める割合は、2008年度の56%に対し2013年度は51%である（HSCIC, 2014a, p.20）。
8 1970年代以降の代表的な取組みは、1970年代及び1980年代の諮問委員会活動、計画策定チーム、財政における共同の取組み、1990年代のコミュニティ・ケア改革に基づくコミュニティ・ケア計画の共同策定、1999年保健法に基づいて導入された共同基金、事業実施の連携等、さらに2000年7月のNHSプラン（DH, 2000a）の一環として打ち出されたケア・トラスト（地域レベルのケア組織を統合）等がある（Humphries R.&Wenzei L., 2015）。Priest J., 2012）も参照。
9 かつての英国では、保健医療サービス、福祉サービスともに行政が直接提供していく方式が中心であったが、民活が進み、さらに新公共管理の時代に移行し、今や行政は市場を調整し必要なサービスを確保する調達者・購入者

（commissioners）という立場にある。行政が住民に必要なサービスを提供していくためには、地域のニーズを把握して有効な公共サービスを確保（購入、委託）していなかければならず、そのための一連の行政活動をコミッショニング（commissioning）と称している。

10　退院遅延の結果支払われた自治体のペナルティを原資にして、地域での受け皿を整備するなどの取組みも行われた。

11　2013年には152自治体のうち130自治体がsubstantial基準、3自治体がcritical基準を採用していた（DH, 2015b）。

12　パーソナライゼーションや直接給付については、Carr S., 2012が詳しい。

13　但し、その後目標値を70%に引き下げた。Community Care, Lamb Scraps 100% Budget Target, 26 October 2012(http://www.communitycare.co.uk/2012/10/26/lamb-scraps-100-personal-budgets-target/, 2015/10/20)

14　Community Care, Why Support Planning doesn't have to be Social Work-led (http://www.communitycare.co.uk/2012/07/03/why-support-planning-doesnt-have-to-be-social-work-led/ , 2015/10/20)

15　One million 'Dementia Friends' will help make life better for people with dementia (https://www.gov.uk/government/news/one-million-dementia-friends-will-help-make-life-better-for-people-with-dementia, 2015/10/20)

16　Memory & Alzheimer's Cafés UK Directory (http://www.memorycafes.org.uk/, 2016/7/22)

17　例えば、施設ケアの費用負担の基準については、DH, Charging for Residential Accommodation Guide (CRAG) April 2014 (https://www.gov.uk/government/uploads/system/uploads/attachment_data/file/301250/CRAG_34_April_2014.pdf, 2016/6/22)

18　但し、週当たり24.9ポンド（2016年度）は個人的支出にあてる費用（personal expense allowance）として手元に残るよう算定外とされている。

19　中央政府省庁が政策の達成目標を提示する公共サービス合意において、保健省は、2008年までに、在宅・施設でのケア・サービスを受けている高齢者のうち在宅で手厚いケア（週に10時間以上、6回以上のホームケア）を受ける者の割合を少なくとも34%に引き上げることとしていた（DH, 2004）

20　支出に着目すると、経常支出に占める割合は、デイ・在宅ケア・サービス46%、施設ケア・サービス43%、ニーズ評価・ケアマネジメント11%（2013年度）である（HSCIC, 2014c, p.16）。

21　施設ケアの方が人権という観点ではより関心を集めているものの、在宅ケア

を受けている者の方がはるかに多く、また在宅ケアは密室で行われるために監督が行き届きにくく人権侵害の事例が発生していることなどから、政府が社会ケア改革を行っている時期に合わせ、利用者、自治体、事業者等に文書や取材により実施された調査である。

22　低賃金委員会もまた、自治体の財政圧縮がケア従事者の低賃金を強いているという現状を指摘したうえで、ケア従事者のケアに値する働き方を可能にするような自治体の委託方針の見直しを勧告した（第7章3（3）参照）。

23　Minister announces £60m to help older people live independently (http://webarchive.nationalarchives.gov.uk/20130107105354/http://www.dh.gov.uk/en/Publicationsandstatistics/Pressreleases/DH_41052 74,2015/10/20)

24　Elderly Accommodation Counsel, August 2014, Statistics on 'Extra Care' online resources Sheltered Housing in England (http://www.extracarehousing.org.uk/resources.aspx, 2015/10/20)

25　認知症の高齢者を専門的にケアする（あるいはその専門ベッドを有する）ケアホームは、認知症ケアホームとも通称されている。

26　Egland and Wales のデータである（ONS, 2014b）。

27　保健省は、2010年1月6日には次のような警告を発している。The use of medicines in care homes for older people, DH ALERT (2010)001 (file:///C:/Users/Owner/Downloads/DH%20ALERT%202010%20001%20final.pdf, 2015/10/20)

28　例えば、BGS, 2011, CQC, 2012, Help the Aged, 2007。

29　NHSが中央政府による事業であるのに対し、ケアホームは主として民間事業者の運営であることから、入所者に対する医療ケアをケアホーム事業者の役割と考えがちな医療関係者が多いと、指摘している。

30　グロスター市（Gloucester）での訪問取材（2011年3月9日）による。

31　訪問取材（2011年3月7日）による。

32　訪問取材（2011年9月6日）による。

33　下院報告書（HC Committee of Public Accounts, 2011）ではFour Seasons Health Careの窮状にも言及され、また、Priory Groupのケアホームも報道対象となった。

34　自治体の料金抑制の下でのケア事業者の窮状については、低賃金委員会のLow Pay Commission, 2013 もとりあげている。

35　NHSについては、2012年保健医療・社会ケア法を制定した際にMonitorという競争政策に着目した機構改革までは行っていた。

36 Your Care Rating 2015-Technical Note (http://www.yourcarerating.org/creo_files/upload/default/YCR%202015%20-%20Technical%20Note%20for%20Public-facing%20Website_100216.pdf, 2016/5/15)

37 政府が到達目標として掲げた指標に対してNHSの地域保健当局や病院組織のパフォーマンスの評価、比較を行うもので、当初は保健医療向上委員会（Commission for Health Improvement）が実施していたが、その後幾度かの組織変更等を経て現在はケアの質委員会が実施している。

38 CSCI, Key lines of regulatory assessment Updated 7 January 2008 (http://webarchive.nationalarchives.gov.uk/20080728093346/http://www.csci.org.uk/professional/care_providers/all_services/inspection/klora.aspx, 2015/10/20)

39 2000年4月に設立された全国ケア基準委員会はその後業務の一部を保健医療ケア委員会（Healthcare Commission）に委譲する一方で自治体の社会福祉部門を監査対象とするなどの再編が行われ、2009年4月には、社会ケア監査委員会（CSCI）、保健医療ケア委員会及び精神保健法委員会（Mental Health Act Commission）とともにケアの質委員会に統合された。現在のケアの質委員会は、保健医療サービスと社会ケアの両方を対象に監査監督活動を実施している。

40 保育所、児童ホーム等の児童、青少年関係のサービス事業について監査等を実施している別の独立専門行政機関である。

41 全国職業資格（National Vocational Qualifications, 通称NVQ）は、基礎的な単純作業業務レベルから大学院レベルまで5段階に区分され、そのうち決まった仕事の中で一定の作業をするだけでなく、知識や技能を適用してある程度変化のある作業もできる能力を有すると認められるのがレベル2である。ただし、現在では全国資格枠組み（National Qualifications and Credit Framework）という新しい体系が導入されている。

42 事業主による7項目のコミットメント宣言、従業員の6項目のコミットメント宣言に基づく事業所全体の、いわばカイゼン活動である。(https://www.thesocialcarecommitment.org.uk/, 2015/5/15)

43 http://www.cqc.org.uk/content/who-we-are, 2015/5/15

44 http://archive.cqc.org.uk/guidanceforprofessionals/adultsocialcare/assessment.cfm, 2015/5/15

45 質の評価に関する検討は、2012年7月の白書『将来のためのケア：ケア・支援の改革』（HM Government 2012a, p.40）の段階ではNHS Choicesの延長線

上に行われるようなスタンスであったが、その後、Ofsted 方式の評価を目指すという具体的な検討方向が示された。(https://www.gov.uk/government/news/hunt-orders-review-into-ofsted-style-ratings-for-nhs-and-social-care, 2015/10/20)

46 一旦廃止されていた自治体成人社会ケア事業に対する評価事業も、自治体による自己評価・相互評価活動ともいうべき Towards Excellence in Adult Social Care という事業として再スタートし、全国の実施状況が 9 ブロックごとに対比され報告されている。(http://www.local.gov.uk/web/guest/media-centre/-/journal_content/56/10180/3374265/NEWS, 2015/10/20)

47 特に、保健医療関係職の介入にもかかわらず女児が養護者に虐待されて死亡した Victoria Climbie 事件は社会的に大きな注目を集めるとともに、レイミング (Laming W.) 卿を委員長とする究明委員会では専門職種としてのソーシャルワーカーのあり方が問われる厳しい指摘を受けていた。

48 連合王国全体では構成国ごとに 4 つの評議会に分権化され、イングランドでは、2012 年 8 月以降は、保健医療・ケア専門職評議会(Health and Care Professions Council)への登録が義務付けられている。

49 社会ケア総合評議会の 10 年の歩みについては、General Social Care Council, 2012 を参照。

50 Community Care, September 19, 2008, GSCC: Extension of registration is 'most pressing' workforce issue (http://www.communitycare.co.uk/2008/09/19/gscc-extension-of-registration-is-most-pressing-workforce-issue/, 2015/10/20)

51 ケア技能協議会が初任者研修の共通基準(Common Induction Standards)や最低限の研修基準を作成している(Skills for Care, 2013)。

52 ケア技能協議会が開発した National Minimum Data Set for Social Care(通称 NMDS-SC)というデータベースに基づく集計である。NMDS-SC は、成人社会ケア分野の就業者情報(人材の確保・維持、賃金、保有資格、年齢等)を事業者が匿名で任意にオンラインで登録するシステムで 2005 年から運用され、政府、事業主、研究者等による人材確保策の検討等のために活用されている。

53 1 人で 1 ジョブ以上に従事する者がいるため、ジョブ数は従事者数よりも多い。

54 National Care Forum が会員のうち 64,896 人から得た調査結果(2014 年 7 月)では、就業後 1 年未満で離職した者は 30.7% である(National Care Forum, 2015)。

55 労働者が生活に必要な基礎的なニーズを満たすために必要な水準の賃金で、ロンドン市ではその額を毎年改定している。また、英国全体の生活賃金については、Centre for Research in Social Policy at Loughborough University が算出している（ロンドン：9.95 ポンド／時間、ロンドン外：7.85 ポンド／時間、2015 年）。

56 2012 年度の見習い形態での就業は 73,100 人であった（Skills for Care, 2015, p.74.）。

57 2013 年 7 月に新しい「ケア大使」事業に衣替えされて以来、461 人がケア大使として登録し活動している（Skills for Care, 2014b, p.11）。

58 Shutes I., 2011 はその一例である。

59 International Longevity Centre のために行ったフランクリンもほぼ同じ手法で試算し、2012 年から 2025 年に向けて必要となる追加的ケア人材は、基準ケースで 76.5 万業務、選択を最大限に拡張するケースで 96.5 万業務と推計されている（Franklin B., 2014）。この他、カンジャノらは、現在の 65 歳以上高齢者と職員の比率をベースに高齢者人口増加を加味し、高齢者ケアだけのために追加的に 40 万人のケア従事者が必要になると推計している（Cangiano A. & Shutes I., 2010）。

60 もっとも、「労働調査」から、国外生まれの労働者の 28% は英国籍保有者であると推計されている（Cangiano A., Shutes I., Spencer S.& Leeson G., 2009）。

61 ケア業界、自治体関係者、専門職団体等がケア労働者の人材不足をうったえ、移民諮問委員会（Migration Advisory Committee）も、ケア労働者を人材不足職業に分類しているが、財政的な支援があればそもそも人材不足職業には該当せず、求められる職能もかなり高いものを当初案では想定していたようである（Migration Advisory Committee, 2009）。

62 ブロック契約は、あらかじめ一定数のケア・サービスを割引料金で購入する方式であるが、スポット契約では実際の利用（数）者に基づき料金を協議して購入する。これに対してフレームワーク契約では、一定期間の契約を前提に、あらゆるカテゴリーの利用者を時間帯等に関係なく統一的な利用時間料金を設定する（Bessa I. et al., 2013）。

63 ケア従事者の賃金等の労働条件については労働党の委嘱を受けたキングズミルを委員長とする委員会も提言を行い（Kingsmill D., 2014.）、労働党は 2015 年の総選挙公約でゼロアワー契約の解消を掲げていた。

64 今回の提案は、低賃金委員会の初代委員長でもあったベイン（Bain G.）

教授が提案し、低賃金委員会がその 2014 年報告書で引用した Resolution Foundation, 2014 が参考とされている。

65　最低賃金が引き上げられるのは一見魅力的に見えるが、他方で低賃金の就業者に支給される税クレジット（ユニバーサル・クレジットに移行中）の資力調査が厳しくなるため、UNISON（公共サービス労働者組合）は支給の内容を右手から左手に変えただけだと批判している（Community Care, July 82015, Rachel Carter, http://www.communitycare.co.uk/2015/07/08/government-announces-compulsory-national-living-wage-workers/, 2015/10/20）。

66　日本では、介護者を比較的広くとらえた調査では、15 歳以上でふだん家族を介護している介護者は 682.9 万人（平成 23 年）と推計され（厚生労働省雇用均等・児童家庭局「平成 24 年版　働く女性の実情」）、15 歳以上人口の約 6% に相当する。

67　具体的な対策としては、全国介護情報提供・相談 HP（Carers Direct）の開設（NHS Choices ウェブサイト上）、短期休息、健康チェック、かかりつけ医研修、若年介護者支援等の拡充（試行）等を打ち出した。

68　Great Britain ベース。Quarterly Benefits Summary–Great Britain statistics to February 2015 (https://www.gov.uk/government/uploads/system/uploads/attachment_data/file/452513/statistical-summary-august-2015.pdf, 2015/10/20)

69　若年から成人へと介護者への支援が途切れず適切に行われるよう、成人直前の介護者には 2014 年ケア法により、さらに若年介護者には 1989 年児童ケア法によりニーズ評価が実施される。また、高齢者等の支援ニーズを評価する際には、若年介護者の状況を見過ごすことのないよう家庭全体の状況を踏まえて行うこととされている（DH, 2014b, paras 6.66-6.73）。

70　高齢者等への支援の必要性を介護者によるケアの有無と無関係に認定する方式は carer blind、介護者がケアしている場合に認定を受けられない方式は carer sensitive と呼ばれている。

71　最近まで Torbay Borough Council という基礎自治体に対応したケア・トラスト（care trust）であったが、現在は Torbay and South Devon NHS Foundation Trust という行政組織の一部となっている。

72　2010 年 7 月 22 日に介護者支援事業担当課長（Lead Officer for Carers Services）のドラモンド氏（Drummond J.）、2015 年 3 月 14 日に同ハード氏（Heard K.）を訪問取材した。なお、直近では 2015 〜 2017 年度版の新戦略（Torbay's Carers Strategy 'Measure Up' 2015-2017）が策定されている。(http://

www.torbaycaretrust.nhs.uk/Pages/home.aspx, 2015/10/20）

73　Carers Trust, What is a Carers' Center?（http://www.carers.org/what-carers-centre-0,2016/5/15）

74　労働党政権から保守・自民連立政権までのケア費用負担問題への取組みについては、井上, 2009 及び井上, 2014 を参照。

75　連合王国内でもケア費用の負担方式には違いがあり、スコットランドでは利用者の負担軽減を先駆けて実施している。すなわち、2002 年 7 月から 65 歳以上の在宅高齢者のケア・サービスは全額無料であるほか、ケアホーム入所者には週 171 ポンドまでのパーソナル・ケア（personal care）、さらに 65 歳未満の者も含め週 78 ポンドまでの看護サービスが所得要件なしに無料となっている（2016 年度）。

76　高齢者の長期ケアに関する王立委員会では、パーソナル・ケアを身体に直接触れるケアと定義し、具体的には、排泄、飲食、移動援助等をあげている（Royal Commission on the Funding of Long Term Care, 1999, para 6.44）。

77　対策に及ぼす影響評価（Impact Assessment）では 130 〜 220 億ポンドと推計されていた（DH, 2013a）

78　キャップ水準を 75,000 ポンド、ミーンズテスト上限額を 123,000 ポンドとし、2017 年度から実施しようとする方針であった（HC Deb 11 Feb 2013 c593 参照）。

79　不動産価格の上昇等により相続対象者は増加していることから、高齢者は値上がりで得た偶発的な利得（wind fall）で必要なケア費用を賄うべし、という世代間格差の観点からの議論もなくはない。FT com. Feb 11,2013, Q&A social care funding reform (http://www.ft.com/intl/cms/s/0/b6f93d54-747e-11e2-80a7-00144feabdc0.html#axzz3qnCpjOF 7,2015/10/20）

80　2014 年ケア法は、「ケア・支援」（Care and Support）、「ケアの基準」（Care Standards）、「保健医療」（Health）及び「保健医療と社会的ケア」（Health and Social Care）の 4 部構成となっている。このうち「ケア・支援」の立法の背景や各条文の趣旨については Spencer-Lane, 2014、具体的な運用については保健省のガイドライン（DH, 2014b）が詳しい。

81　DH, 2014b, para 4.35.

82　法律委員会の最終報告は、単一法に統合すると少数ではあるが給付を受けられない者が出てくる可能性に配慮して 1948 年国民扶助法 29 条を存続させることとしていたが、政府は、その問題には認定基準策定の中で対応するとして、従来の関連法はすべて 2014 年ケア法に一本化する方針をとった（DH,

2012b)。

83　既に認定を受けてケア・サービスを受けている者については、2016年4月までに新基準の評価を受けるまで、その認定は有効とされている。（Update on final Orders under the Care Act 2014 (https://www.gov.uk/government/uploads/system/uploads/attachment_data/file/413386/Guidance_and_Orders_Note_-_final.pdf, 2015/10/20)

84　Letter from Rt Hon Alistair Burt MP：delay in the implementation of the cap of care costs (https://www.gov.uk/government/uploads/system/uploads/attachment_data/file/446309/Cap_on_care_acc.pdf, 2016/5/20)

85　http://www.parliament.uk/business/publications/written-questions-answers-statements/written-statement/Lords/2015-07-17/HLWS135/2015/10/20

86　http://www.parliament.uk/business/publications/written-questions-answers-statements/written-statement/Commons/2015-07-20/HCWS145/2015/10/20

87　Financial Care Products: Industry-led Review (https://www.gov.uk/government/publications/financial-care-products-industry-led-review. , 2015/10/20）但し、かつて市場から退場したスタンドアローンという商品は、検討から排除している。

88　Social Care Funding: Statement of Intent (https://www.gov.uk/government/uploads/system/uploads/attachment_data/file/274189/6._Industry_and_Government_Joint_Statement_of_Intent.pdf, 2015/10/20)

89　Review of Care Products-Key Messages-Annex Pack (https://www.gov.uk/government/uploads/system/uploads/attachment_data/file/274182/2._Industry_Led_Review_Report___Key_Messages_Annex_Pack.PDF, 2016/5/15)

90　一時払い終身年金を購入していたとしたら年金として受け取れるはずの金額の一定割合を上限に引き出すという商品。

参考文献・資料

欧文参考文献・資料

ADASS (Association of Directors of Adults Social Services) (2012) *Personal Budgets Survey, March 2012: Results*, London: ADASS. (http://www.thinklocalactpersonal.org.uk/_library/PersonalBudgets/PersonalBudgetsSurveyMarch2012.pdf, 2015/10/20)

ADASS (2015) *Distinctive, Valued, Personal - Why Social Care Matters: The Next Five Years*, London: ADASS. (http://cdn.basw.co.uk/upload/basw_110707-10.pdf, 2015/10/20)

Age UK (2014) *Care in Crisis*, London: Age UK. (http://www.ageuk.org.uk/Documents/EN-GB/Campaigns/CIC/Care_in_Crisis_report_2014.pdf?dtrk=true, 2015/10/20)

Allen K. & Glasby J. (2010) *The Billion Dollar Question: Embedding Prevention in Older People's Services: 10 'High Impact' Changes*, Policy Paper 8, Birmingham: HSMC.

Alzheimer's Society (2014) *Dementia UK (Second edition): Overview*, London: Alzheimer's Society.

Association of British Insurers (2015) *Social Care Funding: An Update on the Statement of Intent*. (https://www.abi.org.uk/~/media/Files/Documents/Publications/Public/2015/Pensions/Statement%20of%20Intent%20Progress%20made%20January%202015.pdf, 2015/10/20)

Audit Commission (1986) *Making a Reality of Community Care*, London: PSI.

Audit Commission (2000) *The Way to Go Home*, London: TSO.

Audit Commission (2002) *Forget Me Not: Mental Health Services for Older People*, London: TSO.

Audit Commission (2009) *Means to an End, Joint Financing across Health and Social Care*, London: Audit Commission.

Baggot R. (2004) *Health and Health Care in Britain (Third edition)*, London: Palgrave MacMillan.

Bessa I. & Fordeet C. (2013) *The National Minimum Wage, Earnings and Hours in the Domiciliary Care Sector, Research Report for the Low Pay Commission*, Leeds: University of Leeds.

British Geriatrics Society (BGS) (2011) *Quest for Quality*, London: BGS. (http://www.bgs. org.uk/campaigns/carehomes/Quest_for_Quality_press.doc, 2015/10/20)

Burchardt T., Obolenskaya P. & Vizard P. (2015) *The Coalition's Record on Adult Social Care: Policy, Spending and Outcomes 2010-2015, Social Policy in a Cold Climate*, Working Paper 17, London: CASE, London School of Economics.

Burstow P. (2014) *The Commission on Residential Care: A Vision for Care Fit for the Twenty-first Century*, The Commission on Residential Care ; Demos. London: Demos.

Cabinet Office (1999) *Modernising Government*, Cm4310, London: TSO. (http:// webarchive.nationalarchives.gov.uk/20140131031506/http://www.archive.officialdocuments.co.uk/document/cm43/4310/4310-00.htm, 2015/10/20)

Cabinet Office (2010) *The Coalition: Our Programme for Government*, London: The Cabinet Office.

Cangiano A. & Shutes I. (2010) Ageing, Demand for Care and the Role of Migrant Care Workers in the UK, *Journal of Population Ageing*, 3 (1-2), pp. 39-57.

Cangiano A., Shutes I., Spencer S. & Leeson G. (2009). *Migrant Care Workers in Ageing Societies: Research Findings in the United Kingdom*, Centre on Migration, Policy and Society, Oxford: University of Oxford.

Carer UK (2014) *Facts about Carers*, Policy Briefing MAY 2014, London: Carer UK. (file:///C:/Users/Owner/Downloads/facts-about-carers-2014.pdf, 2015/10/20)

Carr S. (2012) *SCIE Guide 47: Personalisation: A Rough Guide (revised edition)* Adults' Services, London: SCIE.

Cavendish C. (2013) *The Cavendish Review: An Independent Review into Healthcare Assistants and Support Workers in the NHS and Social Care Settings*, London: DH.

Clements L. (2004) *Community Care and the Law*, London: Legal Action Group.

Conservative Party (2010) *The Conservative Manifesto 2010: Invitation to Join the Government of Britain*, London: Conservative Party.

Conservative Party (2015) *The Conservative Manifesto*, London: Conservative Party.

CQC (Care Quality Commission) (2010) *The Adult Social Care Market and the Quality of Services*, London: CQC. (http://archive.cqc.org.uk/_db/_documents/Adult_social_ care_market_and_ quality_TECH_REPORT.pdf, 2015/10/20)

CQC (2011a) *The State of Health Care and Adult Social Care in England: An Overview of Key Themes in Care in 2009/10* HC 841, London: CQC.

CQC (2011b) *Regulating the Quality and Safety of Health and Adult Social Care: Depart-*

ment of Health HC 1665, Report by the Comptroller and Auditor General, Session 2010-12, London: CQC.

CQC (2012) *Health Care in Care Homes: A Special Review of the Provision of Health Care to Those in Care Homes*, London: CQC.

CQC (2013) *Not Just a Number, Home Care Inspection Programme*, London: CQC.

CQC (2014a) *Monitoring the Use of the Mental Capacity Act Deprivation of Liberty Safeguards in 2012/13*, London: CQC.

CQC (2014b) *How CQC Regulates: Residential Adult Social Care Services*, London: CQC.

CQC (2015) *Guidance for Providers on Meeting the Regulations*, London: CQC.

CSCI (Commission for Social Care Inspection) (2004) *Leaving Hospital: The Price of Delays*, London: CSCI.

CSCI (2006a) *Living Well in Later Life: A Review of Progress against the National Service Framework for Older People*, London: CSCI.

CSCI (2006b) *Time to Care: An Overview of Home Care Services for Older People in England.* London: CSCI.

CSCI (2009) *The State of Social Care in England, 2007-08*, London: CSCI

DCLG (Department for Communities and Local Government) (2015a) *Local Government Financial Statistics England No.25*, London: DCLG.

DCLG (2015b) *Local Authority Revenue Expenditure and Financing: 2015-16 Budget, England*, London: DCLG. (https://www.gov.uk/government/uploads/system/uploads/attachment_data/file/445052/RA_Budget_2015-16_Statistical_Release.pdf, 2015/10/20)

DCLG, DH (Department of Health) & DWP (Department of Work and Pensions) (2008) *Lifetime Homes, Lifetime Neighbourhoods: A National Strategy for Housing in an Ageing Society*, London: DCLG.

Department for Constitutional Affairs (2007) *Mental Capacity Act 2005-Summary*, London: Department for Constitutional Affairs. (http://webarchive.nationalarchives.gov.uk/+/http://www.justice.gov.uk/docs/mca-2005-summary.pdf, 2015/10/20)

DH (1981) *Growing Older*, London: HMSO.

DH (1989) *Caring for People: Community Care in the Next Decade and Beyond*, London: HMSO.

DH (1997) *The New NHS, Modern, Dependable*, Cm 3807, London: TSO.

DH (1998a) *Partnership in Action: New Opportunities for Joint Working between Health* and Social Services, A Discussion Document, London: DH.

DH (1998b) *Modernising Social Services: Promoting Independence, Improving Protection, Raising Standards,* Cm 4169, London: TSO.

DH (1999) *Caring about Carers: A National Strategy for Carers*, London: HM Government.

DH (2000a) *The NHS Plan, A Plan for Investment, A Plan for Reform,* Cm 4818-I, London: TSO.

DH (2000b) *A Quality Strategy for Social Care*, London: DH.

DH (2001) *National Service Framework for Old People*, London: TSO.

DH (2002a) *Fair Access to Care Services, Guidance on Eligibility Criteria for Adult Social Care, LAC (2002)13*, London: DH. (file:///C:/Users/Owner/Downloads/DH_4019641.pdf, 2015/10/20)

DH (2002b) *National Service Framework for Older People: Supporting Implementation - Intermediate Care: Moving Forward*, London: DH.

DH (2004) *Spending Review 2004 Public Service Agreement*, London: DH. (http://webarchive.nationalarchives.gov.uk/+/www.dh.gov.uk/en/Aboutus/HowDHworks/Servicestandardsandcommitments/DHPublicServiceAgreement/DH_4106188,2015/10/20)

DH (2005) *Independence, Well-being and Choice: Our Vision for the Future of Social Care for Adults in England,* Cm 6499, London: DH.

DH (2006) *National Minimum Standards: Care Homes Regulations*, London: DH.

DH (2007a) *Homecare Re-ablement, Discussion Document*, London: DH.

DH (2007b) *Mental Capacity Act 2005-summary*, London: DH. (http://webarchive.nationalarchives.gov.uk/20130107105354/http://www.dh.gov.uk/prod_consum_dh/groups/dh_digitalassets/@dh/@en/documents/digitalasset/dh_4108596.pdf, 2015/10/20)

DH (2008) *Putting People First: Making a Strategic Shift to Prevention and Early Intervention, A Guide*, London: DH. (http://webarchive.nationalarchives.gov.uk/20090703141705/http://dhcarenetworks.org.uk/_library/Resources/Prevention/CSIP_Product/MSS_-_Guide.pdf, 2015/10/20)

DH (2009a) *Living Well with Dementia: A National Dementia Strategy*, London: DH.

DH (2009b) *Working to Put People First: The Strategy for the Adult Social Care Workforce in England*, London: DH. (http://lx.iriss.org.uk/sites/default/files/resources/

DH_098494.pdf, 2015/10/20)

DH (2009c) *Intermediate Care: Halfway Home, Updated Guidance for NHS and Local Authorities*, Leeds: DH.

DH (2010a) *Quality Outcomes for People with Dementia: Building on the Work of the National Dementia Strategy*, London: DH.

DH (2010b) *A Vision for Adult Social Care: Capable Communities and Active Citizens*, London: DH.

DH (2011) *Enabling Excellence: Autonomy and Accountability for Healthcare Workers, Social Workers and Social Care Workers*, Cm 8008, London: TSO.

DH (2012a) *Prime Minister's Challenge on Dementia, Delivering Major Improvements in Dementia Care and Research by 2015*, London: DH.

DH (2012b) *Reforming the Law for Adult Care and Support, The Government's Response to Law Commission Report 326 on Adult Social Care*, Cm 8379, London: DH.

DH (2012c) *Transforming Care: A National Response to Winterbourne View Hospital, Department of Health Review: Final Report*. London: DH.

DH (2013a) *Universal Deferred Payment Scheme, Impact Assessment, IA No.7084*, London: DH.

DH (2013b) *The Care Bill Explained: Including a Response to Consultation and Pre-legislative Scrutiny on the Draft Care and Support Bill*, Cm 8627, London: DH.

DH (2013c) *Housing & Equity, Department of Health Steering Group, Housing and Finance Group*, London: DH.

DH (2013d) *Caring for Our Future, Consultation on Reforming What and How People Pay for their Care and Support*. London: DH.

DH (2014a) *The Care Act 2014 Consultation on Draft Regulations and Guidance for Implementation of Part 1 of the Act in 2015/16*, London: DH.

DH (2014b) *Care and Support Statutory Guidance, Issued under the Care Act 2014*, London: DH.

DH (2015a) *The Care Act 2014, Consultation on Draft Regulations and Guidance to Implement the Cap on Care Costs and Policy Proposals for a New Appeals System for Care and Support*, London: DH.

DH (2015b) *Explanatory Memorandum to the Care and Support (Eligibility Criteria) Regulations 2015, No.313*, London: DH.

DH&DfES (Department for Education and Skills) (2006) *Options for Excellence: Building the Social Care Workforce of the Future*, London: DH.

DH&Social Services Inspectorate (1991) *Care Management and Assessment, Practitioners' Guide*, London: HMSO

Diamond B. (2011) *Legal Aspects of Nursing (Sixth edition)*, Harlow: Pearson.

Dilnot Commission (2011) *Fairer Care Funding: The Report of the Commission on Funding of Care and Support,* London: Commission on Funding of Care and Support.

Dixon J., Bardsley M., Churchill E., Davies A., Bains W. & Papanicolas I. (2013) *Rating Providers for Quality: A Policy Worth Pursuing?* London: The Nuffield Trust.

Edmond T. & Seely A. (2010) *Equitable Life (Payments) Bill, Bill No 62 of 2010-11, Research Paper 10/5 313*, London: House of Commons.

Equality and Human Rights Commission (2011) *Close to Home: An Inquiry into Older People and Human Rghts in Home Care*, London: Equality and Human Rights Commission.

Equality and Human Rights Commission (2013) *Close to Home*, London: Equality and Human Rights Commission.

Equity Release Council (2012) *SHIP 20th Anniversary Report December 1991 to December 2011*, London: Equity Release Council. (file:///C:/Users/OWNER/Downloads/ship-report-final-rev.pdf, 2015/10/20)

Equity Release Council (2015) *Equity Release Market Report, Setting the Standard in Equity Release Spring 2015*, London: Equity Release Council. (file:///C:/Users/OWNER/Downloads/equity-release-market-report-spring-2015-digital-final%20(1).pdf, 2015/10/20)

Forder J. & Fernandez J-L. (2011) *Length of Stay in Care Homes, PSSRU Discussion Paper 2769*, London: London School of Economics. (http://eprints.lse.ac.uk/33895/1/dp2769.pdf, 2015/10/20)

Francis K., Fisher M. & Rutter D. (2011) *SCIE Research briefing 36: Reablement: A cost-effective route to better outcomes*, London: Social Care Institute for Excellence. (http://www.scie.org.uk/publications/briefings/files/briefing36.pdf, 2016/5/22)

Francis R. (2013) *Report of the Mid Staffordshire NHS Foundation Trust Public Inquiry*, London: TSO.

General Social Care Council (2012) *Annual Report and Accounts 2011 to 2012*, HC 234, London: General Social Care Council.

Georgiou N. (2014) *Orchid View: Serious Case Review*, Chichester: West Sussex Adults

Safeguarding Board.

Gheera M. (2012) *Direct Payments and Personal Budgets for Social Care, SN/SP/3735*, London: House of Commons Library.

Griffiths R. (1988) *Community Care: Agenda for Action*, London: HMSO.

Ham C. (2015) *What Have We Learnt in the Government's First 100 Days?* London: King's Fund. (http://www.kingsfund.org.uk/blog/2015/08/what-have-we-learnt-government-first-100-days, 2015/10/20)

HC (House of Commons) Committee Public Accounts (2011) *Oversight of User Choice and Provider Competition in Care Markets, Fifty-seventh Report of Session 2010–12*, London: TSO.

HC Committee of Public Accounts (2014) *Adult Social Care in England, Sixth Report of Session 2014–15* HC 518, London: TSO.

HC Deb (2013) *House of Commons Deb Feb 2013 c593*, London: TSO. (http://www.publications.parliament.uk/pa/cm201213/cmhansrd/cm130211/debtext/130211-0002.htm, 2015/10/20)

HC Health Committee (2012) *Social Care Fourteenth Report of Session 2010–12 Volume 2: Oral and Written Evidence* HC 1583-II, London: TSO.

Healthcare Commission (2009) *Investigation into Mid Staffordshire NHS Foundation Trust*, London: Healthcare Commission.

Help the Aged (2007) *The National Care Homes Research and Development Forum, My Home Life: Quality of life in Care Homes, A Review of the Literature*, London: Help the Aged.

HM Government (2006) *Our Health, Our Care, Our Say: A New Direction for Community Services*, Cm 6737, London: HM Government.

HM Government (2007) *Putting People First: A Shared Vision and Commitment to the Transformation of Adult Social Care*, London: HM Government.

HM Government (2008a) *The Case for Change - Why England Needs a New Care and Support System*, London: DH.

HM Government (2008b) *Carers at the Heart of 21st-century Families and Communities, "A Caring System on Your Side, A life of Your Own,"* London: HM Government.

HM Government (2009) *Shaping the Future of Care Together*, Cm 7673, London: TSO.

HM Government (2010a) *Building the National Care Service*, Cm 7854, London: TSO.

HM Government (2010b) *Recognised, Valued and Supported: Next Steps for the Carers*

Strategy, London: Centre of Information.

HM Government (2011) *Laying the Foundations: A Housing Strategy for England*, London: DCLG.

HM Government (2012a) *Caring for Our Future: Reforming Care and Support,* Cm 8378, London: Cabinet Office.

HM Government (2012b) *Caring for Our Future: Progress Report on Funding Reform,* Cm 8381, London: TSO.

HMT (HM Treasury)(1997) *Financial Statement and Budget Report 1997*, London: TSO.

HMT (1998a) *Financial Statement and Budget Report 1998-1999* HC 620, London: TSO.

HMT (1998b) *Modern Public Services for Britain: Investing in Reform, Comprehensive Spending Review: New Public Spending Plans 1999-2002,* Cm 4011, London: TSO.

HMT (2010a) *2010 Budget,* HC 61, London: TSO.

HMT (2010b) *Budget 2010, Securing the Recovery, Economic and Fiscal Strategy Report and Financial Statement and Budget Report*, London: TSO.

HMT (2010c) *Spending Review 2010,* Cm 7942, London: TSO.

HMT (2013) *Spending Round,* HC 1033, Cm 8639, London: TSO.

HMT (2015) *Summer Budget 2015*, London: TSO.

HSCIC (Health and Social Care Information Centre)(2009) *Community Care Statistics 2008 Home Care Services for Adults, England* , London: HSCIC. (http://www.hscic.gov.uk/catalogue/PUB00544/comm-care-stat-home-care-serv-eng-2008-rep.pdf, 2015/10/20)

HSCIC (2010) *Survey of Carers in Households in England 2009/10*, London: HSCIC. (http://www.esds.ac.uk/doc/6768/mrdoc/pdf/6768_survey_of_carers_in_households_2009_10_england.pdf, 2015/10/20)

HSCIC (2011) *Statistics, Community Care Statistics: Social Services Activity, England 2009-10 (further release)*, London: HSCIC. (http://www.hscic.gov.uk/pubs/carestats0910asr, 2015/10/20)

HSCIC (2012) *Community Care Statistics 2011-12: Social Services Activity Report, England*, London: HSCIC. (http://www.hscic.gov.uk/catalogue/PUB10291/comm-care-stat-eng-2011-12-soci-serv-act-rep.pdf, 2015/10/20)

HSCIC (2013a) *Personal Social Services Survey of Adult Carers in England 2012-13, Final Report, Experimental Statistics*, London: HSCIC. (http://www.hscic.gov.uk/catalogue/PUB12630/per-soc-ser-sur-ad-car-eng-2012-13-fin-rep.pdf, 2015/10/20)

HSCIC (2013b) *Health Survey for England - 2012*, London: HSCIC. (http://www.hscic.gov.

uk/catalogue/PUB132 18,2015/10/20)

HSCIC (2014a) *Personal Social Services Expenditure and Unit Costs: England 2013-14, Final Release*, London: HSCIC. (http://www.hscic.gov.uk/catalogue/PUB16111/pss-exp-eng-13-14-fin-rpt.pdf, 2015/10/20)

HSCIC (2014b) *Community Care Statistics: Social Services Activity, England 2013-14, Final Release*, London: HSCIC (http://www.hscic.gov.uk/catalogue/PUB16133/comm-care-stat-act-eng-2013-14-fin-rep.pdf, 2015/10/20)

HSCIC (2014c) *Measures from the Adult Social Care Outcomes Framework, England 2013-14, Final release*, London: HSCIC. (http://www.hscic.gov.uk/catalogue/PUB16161/meas-from-asc-of-eng-1314-fin-rpt.pdf, 2015/10/20)

HSCIC (2015) *Personal Social Services: Staff of Social Services Departments, England As at September 2014*, London: HSCIC. (http://www.hscic.gov.uk/catalogue/PUB16834/pss-staff-eng-14-rpt.pdf, 2015/10/20)

Humphries R. & Wenzei L. (2015) *Options for Integrated Commissioning, Beyond Barker*, London: King's Fund.

Institute and Faculty of Actuaries, Pensions and Long Term Care Products Research Group (2015) *How Pensions Can Help Meet Consumer Needs under the New Social Care Regime, An Overview*, London: Institute and Faculty of Actuaries. (file:///C:/Users/OWNER/Downloads/pltcwp-products-research-group-paper-updated-january-2015%20(1).pdf , 2015/10/20)

Jarrett T. (2015) *Social Care: Announcement Delaying Introduction of Funding Reform (including the cap) and Other Canges until April 2020 (England), House of Commons Briefing Paper No.7265*, London: House of Commons.

Kingsmill D. (2014) *The Kingsmill Review: Taking Care: An Independent Report into Working Conditions in the Care Sector*, London: Labour Party.

Knapp M., Prince M., Albanese E. et al. (2007) *Dementia UK: The Full Report*. London: Alzheimer's Society.

Koehle I. (2014) *Key to Care: Report of the Burstow Commission on the Future of the Home Care Workforce*, London: Local Government Information Unit. (http://www.lgiu.org.uk/wp-content/uploads/2014/12/KeyToCare.pdf, 2015/10/20)

Labour Party (1997) *New Labour: Because Britain Deserves Better*; London: Labour Party.

Labour Party (2001) *Ambitions for Britain, Labour Party General Election Manifesto*. (http://www.labour-party.org.uk/manifestos/2001/2001-labour-manifesto.shtml,

2015/10/20)

Labour Party (2010) *The Labour Party Manifesto 2010: A Future Fair for All*, London: The Labour Party.

Law Commission (2008) *Adult Social Care: Scoping Report*, London: TSO.

Law Commission (2010) *Adult Social Care: A Consultation Paper*, Lomdon: TSO.

Law Commission (2011) *Adult Social Care Report, LC326*, Lomdon: TSO.

LGA (Local Government Association) (2015) *Care Act Implementation Results of Local Authority Stocktake 4*, London: LGA. (http://www.local.gov.uk/documents/10180/6869714/2015-08- 11+Stocktake+4+Full+Tables+%28Final%29.pdf/f9826461-aaf1-4c86-b5aa-994d2046e80c, 2015/10/20)

LGA & ADASS (2014) *Adult Social Care Funding: 2014 State of the Nation Report*, London: LGA.

Lievesley N., Crosby G. & Bowman C. (2011) *The Changing Role of Care Homes*, London: Bupa and Centre for Policy on Ageing.

Lindsay C. & Houston D. (2011) *Fit for Purpose? Welfare Reform and Challenges for Health and Labour Market Policy in the UK*, York: University of York. (http://www.social-policy.org.uk/lincoln2011/Lindsay%20P3%20Symposium.pdf, 2015/10/20)

Lloyd J. (2013) *A Cap that Fits: The 'Capped Cost Plus' Model*, London: Strategic Society Centre.

Low Pay Commission (2009) *National Minimum Wage: Low Pay Commission Report 2009*, Cm 7611, London: TSO.

Low Pay Commission (2011) *National Minimum Wage: Low Pay Commission Report 2011*, Cm 8023, London: TSO.

Low Pay Commission (2013) *National Minimum Wage: Low Pay Commission Report 2013*, Cm 8565, London: TSO.

Low Pay Commission (2015) *National Minimum Wage: Low Pay Commission Report 2015*, Cm 9017, London: TSO.

Lupton R. with Burchardt T., Fitzgerald A., Hills J., McKnight A., Obolenskaya P., Stewart K., Thomson S., Tunstall R. & Vizard P. (2015) T*he Coalition's Social Policy Record: Policy, Spending and Outcomes 2010-2015, Social Policy in a Cold Climate, Research Report 4*. London: CASE, the London School of Economics.

Manthorpe J., Harris J., Hussein S., Cones M. & Moriarty J. (2014) *Evaluation of the Social Work Practices with Adults Pilots Final Report,* London: King's College of

London. (http://www.kcl.ac.uk/sspp/policy-institute/scwru/pubs/2014/reports/Social-Work-Practices-w-Adults-FINAL-EVALUATION-REPORT-2014.pdf, 2015/10/20)

Means R., Richards S. & Smith R. (2003) *Community Care, Policy and Practice (Third edition)*, London: Palgrave.

Migration Advisory Committee (2009) *Skilled, Shortage, Sensible: First Review of the Recommended Shortage Occupation Lists for the UK and Scotland: Spring 2009*, London: Migration Advisory Committee. (file:///C:/Users/Owner/Downloads/macreport2009%20(1).pdf, 2015/10/20)

Moriarty A. (2010) Competing with Myth: Migrant Labour in Social Care, in Ruhs M. & Anderson B. (eds) *Who Needs Migrant Workers? Labour Shortages, Immigration and Public Policy*, pp.125-153, Oxford: Oxford University Press.

NAO (National Audit Office) (2003) *Ensuring the Effective Discharge of Older Patients from NHS Acute Hospitals*, London: TSO.

NAO (2007) *Improving Services and Support for People with Dementia*, London: TSO.

NAO (2011) *Oversight of User Choice and Provider Competition in Care Markets, 2010-2012*, HC 1458, London: TSO.

NAO (2014a) *Adult Social Care in England: Overview, 2013-2014*, HC 1102, London: TSO.

NAO (2014b) *Financial Sustainability of Local Authorities 20 14,2014-2015*, HC 783, London: TSO.

NAO (2014c) *Planning for the Better Care Fund, 2014-15*, HC 781, London: TSO.

NAO (2015) *Care Act First-Phase Reforms, 2015-2016*, HC 82, London: TSO.

National Care Forum (2015) *Personnel Survey Report 201*, London: TSO. (file:///C:/Users/OWNER/Downloads/PS%20report%202015.pdf, 2015/10/20)

National End of Life Care Intelligence Network (2015) *What We Know Now 2014*, London: National End of Life Care Intelligence Network. (file:///C:/Users/OWNER/Downloads/What_we_know_now_2014%20(1).pdf, 2016/5/15)

National Institute for Health Research (NIHR) School for Social Care Research (2013) *Prevention Services, Social Care and Older People, Much Discussed but Little Researched?*, Birmingham: NIHR. (http://sscr.nihr.ac.uk/PDF/Findings/Findings_17_prevention-initiatives_web.pdf, 2015/10/20)

Nursing and Midwifery Council (2008) *Code of Professional Condact: Standards for Conduct, Performance and Ethics*, London: NMC.

Office of Fair Trading (2005) *Care Homes for Older People in the UK: A Market Study*, London: Office of Fair Trading.

Office for Public Management (2010) *Reablement: A Guide for Frontline Staff*. (http://www.opm.co.uk/wp-content/uploads/2014/01/NEIEP-reablement-guide.pdf, 2016/5/22)

ONS (Office of National Statistics) (2012a) *Measuring National Well-being Households and Families*, London: ONS. (http://www.ons.gov.uk/ons/dcp171766_259965.pdf, 2015/10/20)

ONS (2012b) *Population Ageing in the United Kingdom, Its Constituent Countries and the European Union*, London: ONS. (http://www.ons.gov.uk/ons/dcp171776_258607.pdf, 2015/10/20)

ONS (2014a) *Analysis of Employee Contracts that do not Guarantee a Minimum Number of Hours*, London: ONS. (http://www.ons.gov.uk/ons/dcp171776_361578.pdf, 2015/10/20)

ONS (2014b) *Changes in the Older Resident Care Home Population between 2001 and 2011*, London: ONS. (http://www.ons.gov.uk/ons/dcp171776_373040.pdf, 2015/10/20)

Osborne G. (2010) *June Budget Report Statement to the House of Commons by the Chancellor of the Exchequer, The Rt Hon George Osborne MP*. (http://www.direct.gov.uk/prod_consum_dg/groups/dg_digitalassets/@dg/@en/documents/digitalasset/dg_188595.pdf, 2015/10/20)

Pannell J. & Blood I. (2012) *Supported Housing for Older People in the UK: An Evidence Review*, York: Joseph Rowntree Foundation.

Parker G. (2014) *Intermediate Care, Reablement or Something Else? A Research Note about the Challenges of Defining Services (on behalf of the MORE team), Working Paper 2630*, York: Social Policy Research Unit, University of York.

Patterson M. (2008) *Can We Afford the Doctor? GP Retainers and Care Homes*, London: English Community Care Association.

Patterson M. (2010) *Postcode Tariff, PCTs and GP Retainers in Care Homes*, London: English Community Care Association.

Pennycook M. & Wittaker M. (2012) *Low Pay Britain 2012*, London: Resolution Foundation,

Petch A. (2003) *Intermediate Care: What Do We Know about Older People's Experiences?*, York: Joseph Rowntree Organisation.

Pickard, L. (2001) Carer Break or Carer-blind? Policies for Informal Carers in the UK, *Social Policy and Administration*, 35 (4). pp. 441-458.

Powell M. ed. (2008) *Modernising the Welfare State: The Blair Legacy*, Bristol: The Policy Press.

Priest J. (2012) *The Integration of Health and Social Care*, London: British Medical Association.

Prime Minister's Strategy Unit (2005) *Improving the Life Chances for Disabled*, London: TSO.

Resolution Foundation (2014) *More than a Minimum, The Resolution Foundation Review of the Future of the National Minimum Wage: The Final Report*, London: Resolution Foundation. (http://www.resolutionfoundation.org/wp-content/uploads/2014/03/More_than_a_minimum1.pdf, 2015/10/20)

Royal College of Nursing (2006) *Supervision, Accountability and Delegation of Activities to Support Workers: A Guide for Registered Practitioners and Support Workers*, London: RCN.

Royal College of Nursing (2010) *Care Homes under Pressure: An England Report*, London: RCN. (www.rcn.org.uk/__data/assets/pdf_file/0006/314547/Policy_Report-Care_Homes_under_pressure_final_web.pdf, 2015/10/20)

Royal Commission on the Funding of Long Term Care (1999) *With Respect to Old Age: Long Term Care—Rights and Responsibilities*, Cm 4192-1, London: TSO.

Shutes I. (2011) *Social Care for Older People and Demand for Migrant Workers, Policy Pimer, The Migration Observatory, Centre on Migration, Policy and Society*, Oxford: University of Oxford.

Skills for Care (2011) *Adult Social Care Workforce Recruitment and Retention Strategy*, Leeds: Skills for Care.

Skills for Care (2013a) *Code of Conduct for Healthcare Support Workers and Adult Social Care Workers in England*, Leeds: Skills for Care.

Skills for Care (2013b) *National Minimum Training Standards for Healthcare Support Workers and Adult Social Care Workers in England*, Leeds: Skills for Care.

Skills for Care (2014a) *Adult Social Care Workforce Recruitment and Retention Strategy*, Leeds: Skills for Care.

Skills for Care (2014b) *The Size and Structure of the Adult Social Care Sector and Workforce in England 2014*, Leeds: Skills for Care.

Skills for Care (2014c) *NMDS-SC Trend Briefing Issue 2, Recruitment and Retention*, Leeds: Skills for Care. (https://www.nmds-sc- online.org.uk/Get.aspx?id=/Research/Briefings/Trend%20Briefing%202%20-%20Recruitment%20and%20Retention.pdf, 2015/10/20)

Skills for Care (2015) *The State of the Adult Social Care Sector and Workforce in England 2014*, Leeds: Skills for Care.

Smith S. (2010) *Social Connectedness and Retirement, Working Paper No. 10/255, Centre for Market and Public Organisation*, Bristol: Institute of Public Affairs, University of Bristol. (http://www.bristol.ac.uk/media-library/sites/cmpo/migrated/documents/wp255.pdf, 2015/10/20)

Spencer-Lane T. (2014) *Care Act Manual*, London: Sweet & Maxwell.

Stevens M., Glendinning C., Jacobs S., Moran N., Challis D., Manthorpe J., Fernandez J-L., Jones K., Knapp M., Netten A. & Wilberforce M. (2011) Assessing the Role of Increasing Choice in English Social Care Services, *International Social Policy* (40)2, pp.257-274.

Szczepura A., Nelson S. & Wild D. (2008) In-reach Specialist Nursing Teams for Residential Care Homes: Uptake of Services, Impact on Care Provision and Cost-Effectiveness, *BMC Health Service Research*, 8(269).

Szczepura A. et al. (2008) *Improving Care in Residential Care Homes: A Literature Review*, York: Jeseph Rowntree Foundation.

Thompsell A. (2011) Support to Care Homes, in Dening T. & Milne A. (eds) *Mental Health & Care Homes*, pp.221-236, Oxford : Oxford University Press.

Thurley D. (2015) *Pension Flexibilities*, SN/06891, London: House of Commons Library.

TOPSS (Training Organisation for the Personal Social Services) England (2000) *Modernising the Social Care Workforce: The First National Training Strategy in England*, Leeds: TOPSS.

TOPSS England (2003) *The State of the Social Care Workforce in England, Volume 1*, Leeds: TOPSS.

United Kingdom Home Care Assoiation (UKHCA)(2012) *Care is not a Commodity, UKHCA Commissioning Survey 2012*, Sutton: UKHCA.

Wild D., Szczepura A. & Nelson S. (2010) *Residential Care Home Workforce Development: The Rhetoric and Reality of Meeting Older Residents' Future Care Needs*, York: Joseph Rowntree Foundation. (http://www.jrf.org.uk/publications/care-work,

2015/10/20)

Williams P. (2012) Good Financial Advice, in German L. (ed) *Making the Most of Equity Release: Perspectives from Key Players*, London: The Smith Institute.

Windle K., Wagland R., Forder J., D'Amico F., Janssen D. & Wistow G. (2010) *National Evaluation of Partnerships for Older People Projects: Final Report*, Kent: Personal Social Services Research Unit.

Wistow G. & Hardy B. (1999) The Development of Domiciliary Care: Mission Accomplished? *Policy and Politics*, 27(2), pp.173-187.

日本語参考文献・資料

伊藤善典 (2006)『ブレア政権の医療福祉改革――市場機能の活用と社会的排除への取組み』ミネルヴァ書房.

井上恒男 (2005)「『介護者支援政策』再考――日英政策展開の比較」『同志社政策科学研究』第7巻(第1号)、pp.13-26.

井上恒男 (2008)「病院ケアから地域ケアへ――英国の高齢者退院促進政策に学ぶ」『同志社政策科学研究』第10巻(第2号)、pp.113-125.

井上恒男 (2009)「英国における介護費用負担方式をめぐる議論」『週刊社会保障』No.2558, pp.44-49.

井上恒男 (2014)「英国における介護費用負担議論と資産保有高齢者」『週刊社会保障』No.2761, pp.50-55.

井上恒男 (2015)「英国における2014年ケア法の施行とキャップ方式の延期」『週刊社会保障』No.2848, pp.48-53.

岩間大和子 (2005)「イギリスにおける介護・福祉サービスの質保障のための政策の展開―― 2000年、2003年の監査システムの改革の意義」『レファレンス』No. 657, pp.6-37.

厚生労働省雇用均等・児童家庭局「平成24年版 働く女性の実情」

白瀬由美香 (2012)「イギリスの社会的ケア事業者の登録・監査・評価制度――介護の質委員会」による質の保証の意義と課題」『季刊・社会保障研究』Vol.48 No.2, pp.175-185.

所道彦 (2008)「イギリスのコミュニティケア政策と高齢者住宅」『海外社会保障研究』No.164, pp.17-25.

索 引

数字・英字

1948年国民扶助法　22, 40, 141, 145
1986年障害者（サービス、相談、代理）法　123, 125
1990年NHS及びコミュニティ・ケア法　21, 22, 40
1995年介護者（評価、サービス）法　123, 125
1996年コミュニティ・ケア（直接給付）法　44
2000年介護者・障害児法　124, 125
2000年ケア基準法　88, 98, 102
2003年コミュニティ・ケア（退院調整）法　34
2004年介護者（機会均等）法　124, 125
2008年保健医療・社会ケア法　92, 93, 95
2010年緊急予算　28
2010年歳出レビュー　28
2012年保健医療・社会ケア法　34, 35, 36, 102
2014年ケア法　26, 31, 32, 39, 40, 41, 43, 45, 47, 48, 53, 54, 126, 135, 136, 141, 143, 146, 150, 151

POPP事業　65, 66, 67

あ行

エクイティ・リリース　154, 159, 160

か行

介護者センター　129, 131
介護者手当　125, 126
介護者ニーズ　124, 126, 142
介護者ニーズ評価　124, 127, 147
介護予防事業　64
介助手当　53, 125, 126
キャップ方式　53, 140, 148, 149, 150, 151, 153, 154, 155
キャベンディッシュ報告　99
グリフィス報告　22, 57
ケア勘定　52, 53, 147, 148, 150
ケア技能協議会　90, 94, 100
ケア・支援ニーズ　41, 42, 52, 53, 144, 145, 146
ケア・支援の財政に関する委員会　26, 135, 139
ケア大使　108
ケア付住宅　71
ケア・トラスト　33
ケアの質委員会　21, 79, 90, 91, 92, 93, 94, 95, 96, 97, 99, 102, 146

187

ケアホーム　　51, 52, 73, 74, 75, 76, 77, 78, 79, 80, 81, 82, 83, 88, 89, 94, 97, 99, 117, 136, 150, 151
ケアホーム支援チーム　　78, 79
ケア見習い事業　　108
ケア免状　　90, 99, 118
権利擁護　　145
高齢者の長期ケアに関する王立委員会　　138
個人介助者　　44, 46
個人給付　　45
個人予算　　44, 45, 46, 47, 125, 140, 143, 145
コミッショニング　　32, 33, 34
コミュニティ・ケア　　20, 22, 56, 57, 58
コミュニティ・ケア改革　　20, 22, 43

さ行

最適社会ケア研究所　　89, 90, 100
シェルタードハウジング　　71
施設入所費用支払い繰延べ制度　　53, 54, 140, 158, 159, 160
私費契約利用　　52, 53, 147, 148, 149, 150, 155
社会ケア監査委員会　　89, 91
社会ケア総合評議会　　89, 90, 98, 99, 102
社会サービス監査部局　　89

生涯ケア費用負担上限額（キャップ）方式　　26, 39, 53, 135, 139
初任者研修　　94, 105
生活賃金　　106, 109, 116, 149
誠実基準　　82, 92, 146
ゼロアワー契約　　62, 103, 106, 115
全国介護者戦略　　123, 124, 125
全国ケア基準委員会　　88, 89, 95, 102
全国高齢者サービスフレームワーク　　25, 44, 69
全国職業資格　　94, 99
全国認知症戦略　　50
ソーシャルワーカー　　47, 87, 90, 98, 99, 107, 110

た行

退院遅延ペナルティ制度　　33
地域看護師　　74, 77, 78
地域保健医療・福祉委員会　　35, 36
中間ケア　　25, 67, 68, 69, 70
直接給付　　43, 44, 45, 46, 130, 145
ディクソン報告　　83, 98, 102
低賃金委員会　　63, 106, 114, 115, 116
ディルノット報告　　139, 140, 141, 143, 149, 151, 154
登録看護ケア手当　　138
独立意思決定代弁人　　49
独立代弁人　　48, 49

な行

ナーシングホーム　52, 74, 75, 77, 78, 88, 137

認知症対策　50

は行

パーソナライゼーション　26, 44, 45

パーソナル・ケア　74, 89, 138, 139

パートナーシップ措置　32, 33

パフォーマンス評価　23, 87, 88, 89, 90, 92, 97, 146

フランシス報告　91, 92, 94, 99, 102, 118, 143, 146

ベターケア基金　29, 32, 36, 37, 148

法律委員会　26, 135, 141, 142, 143, 151

ホームケア　59, 60, 61, 62, 63

ま行

民間ケア保険　54, 154, 155, 157

ら行

リエイブルメント　64, 65, 67, 68

リバース・モーゲッジ　159

利用者中心　23, 25, 43, 44, 87, 88, 93

レジデンシャル・ケアホーム　74, 75, 77, 88

【著者紹介】

井上恒男（いのうえ・つねお）

1949年生。1974年、東京大学法学部卒業後、厚生省入省
現在、同志社大学政策学部・大学院総合政策科学研究科教授
主著：『英国所得保障政策の潮流——就労を軸とした改革の動向』ミネルヴァ書房（2014年）、「イギリスの社会保障と税制、財政対策議論」『健保連海外医療保障』No.110（2016年）

英国における高齢者ケア政策──質の高いケア・サービス確保と費用負担の課題

2016年9月10日　初版第1刷発行

　　　　著　者　　井　上　恒　男
　　　　発行者　　石　井　昭　男
　　　　発行所　　株式会社明石書店
　　　　　　〒101-0021 東京都千代田区外神田6-9-5
　　　　　　　　　　　電話　03 (5818) 1171
　　　　　　　　　　　FAX　03 (5818) 1174
　　　　　　　　　　　振替　00100-7-24505
　　　　　　　　　　　http://www.akashi.co.jp
　　　　装　丁　　明石書店デザイン室
　　　　DTP　　　レウム・ノビレ
　　　　印刷・製本　モリモト印刷株式会社

(定価はカバーに表示してあります)　　ISBN978-4-7503-4399-0

[JCOPY] 〈(社)出版者著作権管理機構　委託出版物〉
本書の無断複写は著作権法上での例外を除き禁じられています。複写される場合は、そのつど事前に、(社)出版者著作権管理機構(電話 03-3513-6969、FAX 03-3513-6979、e-mail: info@jcopy.or.jp)の許諾を得てください。

最低生活保障と社会扶助基準
先進8ヶ国における決定方式と参照目標
山田篤裕、布川日佐史、『貧困研究』編集委員会編
●3600円

ユーロ危機と欧州福祉レジームの変容
アクティベーションと社会的包摂
福原宏幸、中村健吾、柳原剛司編著
●3600円

イギリスを知るための65章【第2版】
エリア・スタディーズ 33
近藤久雄、細川祐子、阿部美春
●2000円

高齢者と福祉文化
実践 福祉・文化シリーズ 1
一番ヶ瀬康子、細川祐子、河畠修編
●1900円

地域福祉概説
社会福祉ライブラリー 2
日本福祉文化学会監修
●4600円

在宅高齢者へのソーシャルワーク実践
混合研究法による地域包括支援センターの実践の分析
井岡勉、坂下達男、鈴木五郎、野上文夫編著
●2200円

高齢者福祉概説【第5版】
黒田研二、清水弥生、佐瀬美恵子編著
●2500円

介護サービスへのアクセスの問題
介護保険制度における利用者調査・分析
李恩心
●4000円

改正介護保険実務ガイド
「自治体」「事業者」「利用者」「市民」のための対応マニュアル
田中尚輝、奈良環著 市民福祉団体全国協議会監修
●2800円

介護保険と階層化・格差化する高齢者
人は生きてきたようにしか死ねないのか
水野博達
●2700円

高齢者の「住まいとケア」からみた地域包括ケアシステム
中田雅美
●4200円

地域包括ケアと生活保障の再編
新しい「支え合い」システムを創る
宮本太郎編著
●2400円

生活保障と支援の社会政策
講座 現代の社会政策 2
中川清、埋橋孝文編著
●4200円

福祉国家の日韓比較
「後発国」における雇用保障・社会保障
金成垣
●2800円

中国農村地域における高齢者福祉サービス
小規模多機能ケアの構築に向けて
郭芳
●4500円

中国の弱者層と社会保障
「改革開放」の光と影
埋橋孝文、于洋、徐榮編著
●3800円

〈価格は本体価格です〉